天下文化
BELIEVE IN READING

成功哪有那麼難

12槓桿解決各種人生困境

Primary Greatness

by Stephen R. Covey

The 12 Levers of Success

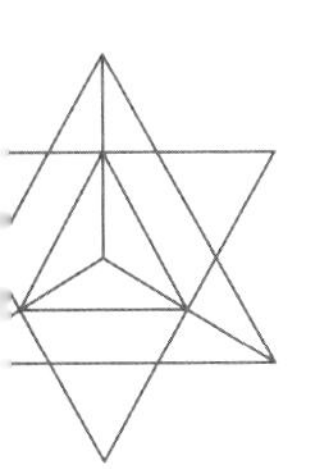

史蒂芬・柯維——著
廖建容——譯

作者簡介

史蒂芬・柯維（Stephen R. Covey）

柯維是享譽國際、備受尊敬的領導力權威、家庭關係專家、老師、組織顧問與作家，一生致力於教導大家，如何透過以原則為中心的生活方式與領導力，打造家庭與組織。他在哈佛商學院與楊百翰大學，分別取得企管碩士學位與博士學位，後來在楊百翰大學任教，教授組織行為與企業管理，同時擔任大學關係總監與校長特助。

他出版了多本廣受好評的著作，包括暢銷全球的《與成功有約：高效能人士的七個習慣》，這本書被譽為二十世紀最有影響力的商業書之一。其他重要著作包括《第3選擇》、《與時間有約》、《與領導有約》，以及《與幸福有約》。

柯維也是富蘭克林柯維公司共同創辦人，該公司是全球頂尖的專業服務公司，在全球一百多個國家設有服務據點，承襲了柯維的願景、自我要求與熱情，致力於啟發與提升全世界的個人與組織，並提供協助他們改變與成長的工具。

柯維於二〇一二年離世，享壽七十九歲。

譯者簡介

廖建容

中山大學外文研究所畢業，曾在外商公司工作與大學任教，目前專職從事翻譯工作。譯有《品格》、《心的靜修》、《大賣場裡的人類學家》、《對手偷不走的優勢》、《你比自己想的更勇敢》、《發現天賦之旅》、《一直在路上》、《慈悲・覺醒・每一天》、《敲醒你的財富能量》等書。

序文

活出獨一無二的幸福人生

家父史蒂芬．柯維打從年少時，就有一份工作在等著他。他的父親擁有一家經營得非常成功的連鎖飯店，身為家中長子，本該注定繼承家業，他卻想把自己的能力發揮在其他領域，希望從事教育工作，只因心中始終有個聲音在吶喊，要他順從自己的熱情、天賦與良知。

他下定決心，此生最想做的事，就是當個老師。他發現每個學生都擁有各種神奇的潛能，滿腔熱血的想幫助學生盡可能的發揮。然而他知道，父親希望他繼承家業。於是，他決定與父親深談，但父親對於他的心願究竟會如何反應，令他非常擔心。

有一天，他去找父親，說他想當個老師。他的父親回答說：「很好，兒子，你一定會是個好老師。說實話，我自己也不是那麼喜歡經營生意。」於是，柯維博士開始尋找教職，成為大學教授與作家，最後在領導力、組織效能與家庭等主題，成為受到世人景仰的思想領袖。這一切，全是因為他勇於聽見自己的心聲，並為世界做出獨特的貢獻。

他也幫助別人找出自己內心最真實的聲音。有一次我問父親，什麼是領導力的最佳定義。他說：「領導力就是透過溝通，幫助他人清楚了解自己的價值與潛能，使他們渴望親眼目睹自己盡情發揮。」

我第一次聽到這種說法，內心感動不已。為什麼？因為這完全是我父親性格的寫照。他總是告訴我，我擁有哪些價值與潛能，甚至在我自己尚未發現之前，就看到了。他始終讓我覺得，我可以做任何事，未來肯定有重要的使命等著我去完成。他也是如此對待我的手足和周遭的每個人。他相信，每個人此生都有獨一無二的使命要完成，並擁有無窮的價值與潛能，無法互相比較。

家父是個偉大的老師，他先以身教示範，然後才透過言教給予指引。他的洞見對我產生了深遠的影響。

他一再教導我的一個基本觀念是，人有兩種生活方式：追求首要成就（primary greatness）的人生，與追求次要成就（secondary greatness）的人生。

所謂首要成就，指的是你的本質——品格、正直，以及內心深處的目的與渴望。次要成就指的是人氣、頭銜、職位、名聲、財富與榮譽。家父要我不必心繫次要成就，而是聚焦於首要成就。

他也發現，獲得首要成就的人，通常（並非必然）也會擁有次要成就。此外，首要成就可以帶來一些本質上的收穫，像是平和的心境、有益他人的貢獻，以及豐富且令人滿足的人際關係。這些收穫遠比次要成就帶來的外來收穫更為重要，包括金錢、人氣，以自我為中心、以享樂為主軸的人生，然而次要成就往往被人們視為「成功」的代表物。

本書收錄了家父最傑出的一些文章，從未被集結在書裡，也沒有太多人讀過，卻是史蒂芬．柯維的經典之作，承載了他的思想精髓。因此，我的同事和我認為，我們應該與世人分享這些作品。

我撰寫此文時，家父已辭世三年。但透過這些文章，彷彿可以聽見家父在對你說話，充滿洞見的話語直指你的本心。所有文句均出自家父之手，沒有受到任何更動。我們只是加以組織編排，讓大家知道如何活出追求首要成就的人生。其中幾篇文章與家父的著作《與成功有約》，是同時期的作品。我們發現，改變商業界與數百萬人生命的《與成功有約》，其實起源於這幾篇文章，喜不自勝。但本書並非另一本《與成功有約》，反倒提供令人耳目一新的洞見，告訴世人如何從追逐外在成功表象的人生，轉而迎接擁有深刻平靜、滿足與智慧的人生。

這世間有無數受苦之人，內心長久以來有許多問題，深受困擾，對人生也有種種不滿與失望。這個世界很容易讓人灰心喪志，許多看似「解方」的答案，其實只觸及問題的表象。本書可為身心俱疲的你，帶來真正的療癒。

我自己也曾面臨不少痛苦的考驗。我想以過來人的身分告訴你，我從父親身上學到的真理，也就是本書闡述的原則，讓我和我的家人獲得勇氣與自信，得以繼續前進、做出貢獻，並找到幸福。

這些原則同樣適用於你。

（本文作者為史蒂芬．柯維之子西恩．柯維）

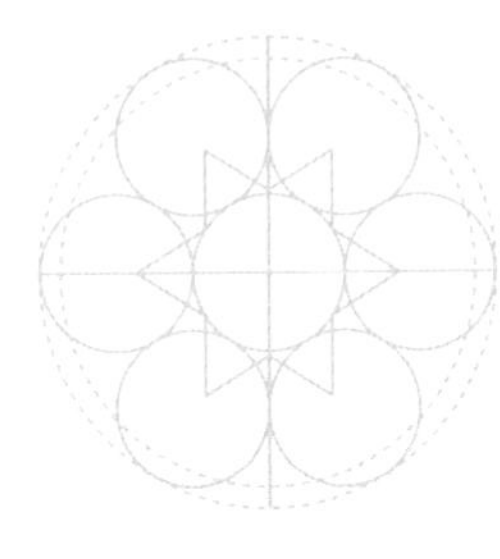

目錄

序文 活出獨一無二的幸福人生 西恩・柯維 005

前言 成功的首要 013

第一部 如何獲得首要成就

01 私密生活 033

02 品格：首要成就的源頭 047

03 如何與原則步調一致 061

04 保持在正確的方向上 077

05 重新設定你的思維模式 085

第二部 12成功槓桿

06 成功槓桿1：正直 103

07 成功槓桿2：貢獻 121
08 成功槓桿3：優先目標 137
09 成功槓桿4：犧牲奉獻 157
10 成功槓桿5：服務 169
11 成功槓桿6：責任心 183
12 成功槓桿7：忠誠 195
13 成功槓桿8：相互性 209
14 成功槓桿9：多元性 221
15 成功槓桿10：持續學習 235
16 成功槓桿11：自我更新 245
17 成功槓桿12：教學相長 255
18 結語：獲得智慧 265
附錄 柯維的最後訪談 279
注解 297

前言
成功的首要

鐵達尼號第一次與最後一次出航時，甲板上放了六百一十四張木製折疊躺椅，工作人員每天早上都要精心排放，吸引旅客前來使用，旅客也可以按照自己的喜好來挪動。

照理說，鐵達尼號沉沒時，應該沒人會在意躺椅的事，但有一句俗語「重新排放鐵達尼號上的躺椅」（rearranging deck chairs on the Titanic），正是用來形容人們去做人生中沒有意義或無足輕重的小事，而不去做真正重要的事。

沉船的當下最不可能花力氣去做的事，就是重新排放甲板上的躺椅。那麼，為何還有那麼多人做了？

人生的優先順序

重新排放躺椅意謂，把表象看得比真實情況還要重要，關心外在形象更甚實質，也就是倒置了人生的優先順序。而這正是我們大多數人所做的事：把最不重要的事，擺在第一位。結果便是，目標無法達成、事業發展不順、家庭就此破碎、健康亮起紅燈、朋友漸行漸遠、公司營運岌岌可危，人生因一連串錯誤的決定給連累。

鐵達尼號也是如此，它在一九一二年沉沒時，造成了一千五百一十七名乘客罹難。它在冰山區的海面高速前進，而且乘客數遠超出救生艇能承載的人數。工作人員也沒有向乘客宣導逃生須知，導致乘客在災難發生時不知所措。悲慘的事故提醒了我們一句德國諺語：「絕對不要讓最重要的事，受制於無關緊要的事。」

絕對不要讓最重要的事，受制於無關緊要的事。

有多少人習慣把最不重要的事，擺在第一位？
我們是否把自己不為人知的私心，看得比我們有責任照顧的人還要重要？
我們是否在人前說他的好話，人後說他的壞話？
我們對待陌生人的態度，是否比我們對待家人的態度還要好？儘管對我們來說，家人才是最重要的人。
我們是否竭盡所能以最少的付出，獲取最多的回報？
我們是否為了眼前的成功，犧牲了長遠的成就？
相較於因為做出實質貢獻所獲得的內在平靜與滿足（拯救鐵達尼號），我們是否更重視表象的成功（甲板上的躺椅）？

首要成就與次要成就

柯維博士認為，首要成就是伴隨個人貢獻而來的收穫，而成功的表象，如：地位、人氣、公眾形象，則屬於次要成就。你欽羨的名人、運動明星、執行長、電影明星或其他成功人士，他們所展現的行動與行為，都屬於次要成就。

首要的成就是內在的，與品格有關。次要的成就是外在的。柯維博士告訴我們：「許多擁有次要成就（也就是受到社會肯定的能力）的人，欠缺首要的成就或良善的品格。你可以從他們的長期人際網絡，不論是與同事、配偶、朋友，或是正面臨認同危機的青春期孩子之間的關係，就能了解這個事實。在他人眼中，我們的品格比其他的一切，更能代表我們。美國思想家愛默生曾說：『你的本質在我耳邊大聲發表宣言，使我聽不見你嘴巴所說的話。』」

成功的人生與首要的成就有關，是一種不在乎物質回報或現實處境，以責任、榮譽、正直、堅忍、自我犧牲與服務為主軸的人生。這些美德是普遍且無法推翻的自然法則，不因時空的遷移而改變，而且適用於每一個人。任何人若想跳過首要成就，只追求次要成就，是無法獲致真正的成功的。成功的人生無法建立在外在或一時流行的事物之上，因為這些事物無法恆久存在，但我們可以將之建立在普遍為真的原則所形成的基石之上。

耐人尋味的是，雖然人們多將力氣放在追求次要成就，次要成就卻通常是（但雖然人們多將力氣放在追求次要成就，次要成就卻通常是尾隨著首要成就而來。

並非必然）尾隨著首要成就而來。擁有良好品格的人往往可獲得成功，因為大家願意信任這樣的人。他們的努力通常可帶來一定程度的生活保障，有時甚至是飛黃騰達。他們樂於服務的道德觀，為他們贏得他人的愛與忠誠。這些都是首要成就自然而然帶來的結果。

當然，情況並非一定如此：擁有良好品格的人，也可能遇上生病或造化弄人時候，就和所有人一樣。許多老實人一輩子辛勤工作，卻不曾賺大錢。然而，追求首要成就的人，可獲得心靈的平靜與滿足，這是內心空虛、追求次要成就的人無法得到的。

追求表象的成功，逃避自己的本質

許多人把成功與次要成就混為一談，也就是說，他們竭盡所能獲得表象的成功，但逃避自己的本質。他們不願為真正的成功付出代價，只想找方法不勞而獲。他們投射出虛假的形象，假裝是你的朋友。我們大多數人或多或少都曾有過這樣的想法。

大家都知道，不論是美德，還是本位主義、懶散、拖延與不正直等負面特質，都會帶來相對應的結果。然而，在次要成就當道的年代，他人的看法似乎比道德信念更重要，表象也變得比內涵更為緊要。

儘管如此，我們內心深知，必須遵守某些原則，才能擁有成功人生。蓋洛普民意調查顯示，超過百分之九十的美國成人，支持與贊同誠實、民主、接納不同種族背景的人、愛國心、關心親朋好友、道德勇氣，以及黃金律*等教誨。本質上我們明白，若不以內在成功為根基，外在的功成名就如一場空。我們希望孩子明白這個道理，但我們自己其實更應該明白。

品格決定成敗

如今已有充足的數據資料證明這點。有志找出是哪些技能與特質最能使人們獲致成功的科學家，現在已不再把研究焦點放在智力或才能；他們認為，品格才是決定成敗的主因。

舉例來說，著名的「培瑞托兒所方案」（Perry Preschool Project）進行一項長達數十年的追蹤研究，試圖找出是什麼因素，使人們得以開創富足的人生，並擁有真正的成就。

這個方案於一九六五年在美國密西根州推動，共有一百二十三名幼兒參與，研究者從此開始追蹤他們的人生發展。這些孩子來自都市的貧困家庭，從小被教導「即使從事無趣而且通常沒有回報的活動，仍要堅持到底……延宕滿足……直到計畫完成」。換句話說，研究者教導孩子的是優良的基本品格。半世紀後，教導的內容仍對這群受試者的人生產生正向影響。相較於其他同齡的人，他們從學校畢業的機率高出許多，受雇並獲得高薪的機率，是其他人的兩倍，而入獄或靠政府補助金過活的機率，僅有其他人的一半。

*譯注：「黃金律」一詞通常指《新約聖經》中耶穌的教誨：「你們願意人家怎麼待你們，你們也要照樣去做，因為這是律法和先知的教誨。」黃金律是世界各民族廣泛接受的道德教育基本準則，例如孔子曾說：「己所不欲，勿施於人。」各民族的表述方式雖不同，但基本精神相似，且普遍被世人接受。

諷刺的是，培瑞方案推行的目的原是提高學生的智商（ＩＱ），結果，這群孩子的智商並沒有提高，但深植他們心中的品格教育，才是使「成功商數」（ＳＱ，success quotient）獲得顯著提升的關鍵所在。

柯維博士堅信，內在品格遠比才能、智力或環境，更能決定人們成功與否。他終其一生，幫助世界各地的人明白這個根本的道理，扭轉他們的命運。數千人透過企業或政府提供的訓練，或是透過閱讀柯維博士的暢銷書，改變了一生。

今日，世界各地都有學校與大學，透過富蘭克林柯維公司（FranklinCovey）提供的「自我領導力教育」（The Leader in Me, TLIM），把這些原則教給年輕人。教育的成果斐然，因為這些學生明白了首要與次要成就的差別，以及該如何活出追求首要成就的人生。

遵循恆久不變的原則

那麼，我們該依循什麼原則，活出首要的成就？一個人的特質，不是出生時

> 品格教育才是使「成功商數」獲得顯著提升的關鍵所在，而非智商。

就決定了？我們能夠改變嗎？

改變雖非易事，但並非不可能。柯維博士教導我們，我們能改變自己，是因為有能力選擇要採取什麼行為。

人類的品格有點像是食譜——一杯基因，加上一茶匙的環境，以及幾盎司的運氣，但我們可以決定要利用這些材料，做出什麼東西。

成功的關鍵在於，遵循恆久不變的原則，並且努力不要脫離正軌。假如你想往北方去，就要朝著羅盤指出的方位前行。你的方向若有任何變動，就不是朝著真正的北方前進，事實顯而易見。主宰世界的基本原則，也同時主宰了一個人的成功或失敗。

一旦違背原則，就必須承擔後果。你不一定會有罪惡感，甚至不覺得有什麼不對勁，至少不是馬上有感覺，或會有所謂的「欺瞞得逞的快感」（cheater's high），也就是僥倖逃過懲罰的滿足感，像是許多人會從逃稅、溢報公帳，或是說別人壞話等行為得到快感。他們可能會沾沾自喜，並覺得自己高人一等，因為其他人是不懂得作弊的笨蛋。

然而，我們大多數人在傷害他人或自己時，其實都心知肚明，而這些行為最後都會對我們的品格造成影響。若你違背節儉的原則，花了太多錢，你就會變窮。

若你違背保持身體健康的原則，例如規律的運動與正確的飲食，就很可能會生病或變得虛弱。若你違背待人寬厚與尊重他人的原則，你的敵人必定比朋友還要多。

當然，不良的行為並非必然導致苦果，但若你從現實的角度來看，就會知道機率不低。

主宰現實世界的基本原則，不容爭辯，也不容人類左右。不論我們相不相信，這個世界都會按照這些原則運行，若能遵行並不再忽視，會比較容易成功。

要想成功，就代表我們必須檢視自己的品格與目的，是否符合原則，還可能需要修正某些缺陷，例如拖延、嫉忌或自私，並在任何情況下，都要正視自己的真實面貌，按照主宰成功的原則行事。

原則就像槓桿一樣。我們或許無法靠自己的力量，移動一塊巨石，但若借助槓桿之力，任務就變得相對容易。

十二槓桿

要進入柯維博士所謂生命中的「祕密花園」，並發現裡面到底長了些什麼植物，並非易事。要遵行主宰宇宙的原則，是件相當困難的事，但這是獲得真正的成功唯一的方法。

原則就像槓桿一樣。我們或許無法靠自己的力量，移動一塊巨石，但若借助槓桿之力，任務就變得相對容易許多。此外，使用的槓桿愈長愈堅實，我們就愈省力。

阿基米德曾說：「只要給我一根夠長的槓桿……我就能移動這個世界！」正直、服務與優先目標等原則，可發揮強大的槓桿作用。唯有善加運用，才可能移除阻礙成功的最大障礙，也就是品格上的小缺陷，包括自私、自憐，以及使我們脫離人生首要目標的「致命分心物」。假如你為人正直，別人就會信任你。當你以真心服務，你就會深得人心。當你把優先目標放在第一位，你就不會浪費寶貴的時間與人生。

在本書中，柯維博士告訴我們，該如何踏上這個重要的旅程，擺脫對於次要成就的執著，轉而聚焦於首要成就。

接下來，他說明成功人士遵行的**十二個有效原則**，指引我們真心接納：**正直**、**貢獻**、**優先目標**、**犧牲奉獻**、**服務**、**責任**、**忠誠**、**相互性**、**多元性**、**持續學習**、**自我更新**、**教學相長**。

為什麼是這十二槓桿？

第一個槓桿是正直，也就是完整合一的狀態。正直的人表裡如一，沒有不可告人的私心，也沒有別有用心的目的。如同柯維博士所說，他們「徹底與正確的原則合而為一」。

唯有當我們的目標是追求發自內心的正直，才能獲得真正的成功，首要成就便唾手可得。

這十二個槓桿可幫助我們拋開表象的成功，得到真正的成功；拋開內心深處的要分辨一個人追求的是首要還是次要成就，在事情發展不順時，最能看清。

不安全感，獲得以自然法則為主軸的人生所帶來的自信。

為什麼是這十二個槓桿？

自古以來的哲學家，歸納出許多對人們有益的原則。首先是亞里斯多德的「美德表」，以及富蘭克林提出的「十三項美德」。在現代，傑出的美國心理學家塞利格曼博士，透過嚴謹的研究，找出可創造美好人生的「二十四個人格優勢」。

柯維博士提出的十二個槓桿，是根據他個人的深入研究，以及長年以來與全球各地成千上萬的人共事的經驗。對他而言，這些原則是基本且必然的，而且有高低順序之分。正直是成功的基礎，然後是貢獻——留給世人有意義的東西，為世界創造正向改變。遵循人生的優先目標，使我們即使在最艱困的時候，仍不忘記做出貢獻。

要留下造福後人的貢獻，我們個人必定要犧牲奉獻。當我們開始自問，能否服務他人、為他人做些什麼時，就會開始明白超越自我的意義，並體會真正的成功。

責任的觀念已逐漸被世人忽略。在一切順利的時候，每個人都樂於負起責任，而要分辨一個人追求的是首要還是次要成就，在事情發展不順時，最能看清。追求首要成就的人絕不怪罪他人，總是坦然並勇於承擔責任。

忠誠是服務他人自然帶來的結果。

當你專心致志於此，你就為彼此建立了對等的關係——你對他人的忠誠度愈來愈高，對方也會報以忠誠。

相互性與忠誠度有很密切的關聯，與地心引力一樣永恆不變。在生命中的每個時刻，我們都在承擔日常行為造成的結果，這結果對我們可能有益，也可能不利。我們怎麼對待別人，別人就怎麼對待我們。背信行為是互相的，惡果可能不會馬上顯現，但遲早會降臨。

若想追求最大的成功，多元性是不可或缺的要素。不論是生物界、商業界、政治界或產品開發領域，相似只會帶來滅亡，多元才能造就繁榮昌盛。柯維博士曾說：「如果兩人看法相同，其中一人必屬多餘。」當我們學會重視與善用不同個體的多元優勢，就擁有較大的成功機率。

最後，若不持續學習與自我更新，我們將落入停滯不前與被邊緣化的境地。我們透過運動、閱讀、陪伴家人，以及靜心冥想，使自己煥然一新。

透過教學相長，將首要成就的原則內化，也就是說，不僅身體力行，也教導他人首要成就的可貴。

善用這十二個槓桿，強化你的品格與影響力，人生可以變得更輕鬆、更豐富。過程中你仍需努力移除種種障礙，但至少，你的努力不會白費。

這十二個槓桿並非成功方程式，要獲取成功，還有許多其他的原則要遵循。但這十二個槓桿是不可或缺的基石，一旦缺少，你就無法獲得真正的成功。本書將會深入探討，並幫助我們內化成自己的一部分。

首要成就是我們啟用這些槓桿後，自然會得到的東西。

寬厚待人的行為會產生驚人的力量。

善體人意的朋友具有超乎想像的影響力。

負責任的工作者會獲得愈來愈大的職責。

正直的人擁有強大的道德力量。

聚焦於首要成就

柯維博士教導我們：「若你想擁有幸福的婚姻，就要設法激發正能量，遠離負能量。若你希望青春期的孩子變得更開心、配合度更高，你要先成為更體諒他人、富有同理心、標準一致的慈愛父母。若你想在職場獲得更多自由與權限，那麼先成為一個更負責任、更樂於助人、願意貢獻更多的員工。若你希望獲得信任，先當個值得信賴的人。**若你希望擁有次要成就（他人認可的能力），請先聚焦於首要成就（品格）。**」

柯維博士對這個世界的影響力，舉世皆知。自從《與成功有約》在一九八九年出版後，全世界有無數的領導人、教育家與家庭，透過他充滿肯定力量與啟發性的話語，獲得無盡的鼓勵與安慰。

若你覺得他的話語聽起來很熟悉，那是因為他的觀念已成為這個時代的共同語言，「主動積極」、「雙贏思惟」與「知彼解己」等肯定語句，已經改變了我們的文化。

不只是與成功有約

但柯維博士帶給我們的不只是《與成功有約》。

本書編輯仔細研讀柯維博士曾發表的數十篇文章，挑出其中的精采洞見，集結成追求成功人生的原則。他精闢的見解將透過本書，初次與世人見面。

若你和其他數百萬讀者一樣，我們相信，柯維博士對於獲取首要成就的槓桿所進行的深入思考，將會使你的人生煥然一新，更上一層樓。

（本文作者為史蒂芬・柯維的同事）

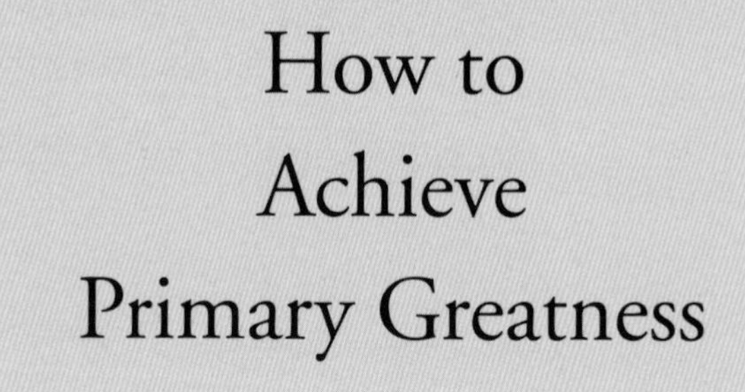

How to Achieve Primary Greatness

第1部

如何獲得首要成就

第 1 章

私密生活

若選對視角，你將會發現，整個世界就是一座花園。
—— **柏納特，《祕密花園》作者**

我們都擁有三重生活：公眾、私人與私密的生活。**私密生活是你心之所在，你這一生真正的目的（也就是你人生的終極渴望）皆存在於此處。**它也是首要成就的源頭。若你有勇氣探索自己的私密生活，就能坦然質疑自己最深的動機。你是否準備好重塑自己的動機，調整人生，遵循核心原則，追求真正的成功？

私密生活是獲得首要成就的關鍵。

我曾到紐約百老匯觀賞「祕密花園」。這齣贏得美國劇場界最高榮譽東尼獎的音樂劇令我感觸良多，因為我的母親剛剛過世。

劇中女主角是個小女孩。在一開場，她的父母在印度染上霍亂而過世，於是她被送到叔父的英式莊園，從此在那裡生活。古老的莊園裡有許多浪漫的精靈，充滿不安的小女孩在園內四處探索，結果找到了祕密花園的入口，發現一個充滿各種可能性的神奇園地。

她剛步入花園時，發現這座花園毫無生氣，就和她那臥病在床的堂弟以及無法忘懷亡妻的叔父一樣，叔父的妻子因為生產而死去。女孩順從自然法則與原則，以信念在花園埋下種子，為園子帶來生機。隨著氣候變暖，種子發芽茁壯，花園也變得綠意盎然。在短短三個月之內，她就讓整個家的氣氛煥然一新。

在多年的教書經驗中，我曾見證不少積極主動的人依循成功原則，為自己的私密、私人與公眾生活帶來轉機。

看完表演次日，我在母親的喪禮致辭，提到了「祕密花園」。因為對我和許多人而言，母親的家就像是祕密花園，我們可以暫時遁入那個世界，從中獲得正向肯定的滋養。在母親眼中，我們的一切都是良善的，任何美好的事物都可能發生。

三重生活

我們與同事、合夥人以及社交圈裡的其他人，產生的互動與言行，屬於公眾生活。我們與配偶、家人和至友的親密互動，屬於私人生活。而私密生活與此二者有部分重疊。

私密生活是其他兩種生活的主要動力，但許多人一輩子從未造訪探究。他們的公眾與私人生活是由周遭的人事物，或是環境中的壓力主宰，也因此從未運用獨特的自覺能力，也就是進入私密生活的鑰匙，從客觀的角度觀察自己。

探索私密生活需要勇氣，因為你必須先放下社會鏡像。所謂社會鏡像，是「社會讓我們看見的自己」，但這個外在形象可能與內在的自我沒有太大關聯。然而我們會逐漸習慣社會鏡像反映出來的自我形象，也可能會選擇逃避自我檢視，在幻想與合理化的空虛世界裡，虛度光陰。在這種思維框架中，我們找不到身分認同、安全感或保障。

檢視你的目的

我人生中最重要的時刻，是在我檢視自己的私密生活，並自問：「我是怎麼想的？什麼才是對的？我的目的應該是什麼？」在這當下，我深入自己的私密生活，選擇我的目的。「等一下，」我對自己說：「這是我的人生，我可以選擇如何運用我的時間與精力，我可以選擇是否要早起運動，我可以選擇要不要生氣，我可以選擇是否與這個人和好如初。我可以決定自己想要什麼。」

你擁有決定自己要什麼的能力。唯有決定你的目的，你才算是真正開始生活。

探究私密生活最棒的一個好處是，你擁有決定自己要什麼的能力。唯有決定你的目的，你才算是真正開始生活。目的與動機是我們深層渴望的根源，它創造了我們所有的一切。問題是，我們要把什麼列為人生的首要目的？

當我面臨挫折或困惑時，我會進入我的私密生活，面對真正的自己並自問：「我要按照正確的原則而行？還是要屈服於次要成就的要求？」

當我學會以積極主動的態度探索私密生活，我就啟動了自我覺察、想像力與良知，同時開始練習運用自由意志，選擇我的目的。

比方說，當你要做出職業上的選擇時，你可能會想：「我真正想要的是什麼？」坦納（N. Eldon Tanner）是加拿大亞伯達省立法會前發言人及內閣閣員，他曾說：「每當我必須做出重大的事業抉擇時，我會捫心自問：『我是否已經完全準備好，把最重要的事放在第一位？出任這個職務時，我能否堅守我的優先目標？』」他說：「我必須認真思考這些問題，直到找到答案為止。」一旦做出了決定，他會對自己說：「如果這職務能達成我認同的使命，我將承擔並盡一己之力。」後來，他成為全國民眾敬重的人。

當我為某大學的遴選委員會服務，要尋覓新任校長時，曾與這位令人敬佩的人物有過一面之緣。我一走進他的辦公室，他立刻起身走過來迎接我，並坐在我的旁邊。他對我說：「你希望我了解什麼事？」他以真誠的態度專心聽我說話，然後說：「我希望你知道，我有多麼尊敬你。」這個際遇令我印象非常深刻。

經常探索私密世界並檢視人生目的的人，比較能夠看見他人的內心，運用同理心，授權他人，並且肯定他人的價值與身分，這在許多方面可以為你的私人與公眾生活帶來好處。舉例來說，當我準備講稿時，我會對自己大聲朗誦一段令我深受啟發的文句，因為這麼做有助於釐清我的目的。然後，我原本想要贏得眾人欽佩的念頭就消失了，只剩下一顆服務的心。當我帶著這個目的到公開場合演講，我的心中充滿了自信，同時非常平靜。我的心頭湧現更多給眾人的愛，並且覺得更忠於自己。

我曾提供諮詢服務的企業主管告訴我：「這麼多年來，這是我第一次追尋自我。我彷彿是第一次看見自己。我下定決心，人生將從此不同，我將要努力追隨自己真正相信的事物。」多年來，許多人寫信對我說：「你的原則改變了我。其中有經常探索私密世界並檢視人生目的的人，比較能夠看見他人的內心。

幾點我從來沒有機會思考過，但這些原則引發了我的共鳴。」這是因為這些原則本來就存在於他們的私密生活中。

然而，我們大多數人每天汲汲營營忙著自己的事，從來不曾停下步伐，造訪自己的私密世界。在那個祕密花園中，我們可以創造出個人的傑作，發現真理，同時提升公眾與私人生活的每個面向。

健康的私密生活是獲得首要成就的關鍵。

學會自我肯定

要擁有健康的私密生活，自我肯定是一大關鍵。人際溝通中最重要的一個部分，是你給予自己和他人的肯定。好的自我肯定具備五大特徵：

- 關乎個人，也就是以第一人稱表達。
- 正面而非負面訊息，意謂你肯定的是良善與正確的事。

- 以現在式表達，意謂你正在這麼做，或是擁有這麼做的潛力。
- 具有視覺性，意謂你可以清楚看見這個意象。
- 帶有個人情感，意謂你對這件事非常有感覺。

如何運用這五項原則，我舉兩個例子說明：

假設某個家長，對於孩子把牛奶灑出來的行為反應過度。他認為自己有改進的空間，因此決定在面臨壓力的狀況下，以智慧、愛、堅定的態度、公平、耐心與自制，回應當下的情況。他把這個決心以自我肯定的形式寫出來：「在筋疲力竭、緊張、備受壓力或失望的情況下（視覺性），我以自制、智慧、堅定的態度、耐心與愛（正面訊息），回應這個情況（現在式）。這是件多麼令人開心的事啊（情感）。」

再假設有個人想要改進喜歡拖拖拉拉的習性。他拖延成性，事情要到火燒屁股才處理，因此他決定要主導全局，掌握現況，嚴守這個原則。他的自我肯定可以是：「藉由預先規劃，根據計畫行事，以及分派工作給他人，我主宰了自己的行為情緒具有的強大力量經常被忽略，而自我肯定可幫助我們釋放這股力量。

與命運。這是件多麼令人開心與振奮的事啊。」

自我肯定的力量

《笑退病魔》（*Anatomy of an Illness*）與《人的選擇》（*Human Options*）的作者卡森斯（Norman Cousins）告訴全世界，情緒具有的強大力量經常被忽略，而自我肯定可幫助我們釋放這股力量。

卡森斯某次從國外返家後不久，發現自己的脖子、手臂、雙手、手指和兩腿幾乎無法動彈，於是他很快被送到醫院。醫生診斷他罹患了某種嚴重的結締組織疾病，並告訴他：「你完全康復的機率是五百分之一。」

起初，他待在醫院接受醫生的診治。他接受了藥物治療，而且藥量通常超出他真正的需求，也接受了各種檢驗，包括例行性與許多不必要的檢查。這種種醫療措施，以及醫生診斷出來的不樂觀結果，讓他想了很多。「在我看來，情況已經很清楚，」他後來寫道：「假如我要成為那五百分之一的成功病例，就不能只是被動的看著自己接受種種治療。」

卡森斯看過許多研究提到，負面情緒會對人體生理反應產生負面的影響。於是他反思：「正向情緒難道不會產生正面的影響嗎？愛、希望、信念、大笑、信心，以及求生意志，是否可能具有療效？」

卡森斯認為，負面的影響如果存在，那麼正面的影響一定也存在。於是他很快就制訂了一個計畫，肯定正向情緒。他的計畫涵蓋了醫療資源、願意提供支援的專業人士、大笑，以及家人的愛。然後他離開醫院，住進一間飯店，雇了一名私人看護，觀賞馬克斯兄弟（Marx Brothers）的無厘頭喜劇電影與喜劇影集。他發現，捧腹大笑十分鐘，為他帶來了兩、三個小時的無痛好眠。這是他幾個月以來，第一次能好好睡個覺。他發現人類的心靈其實是隨行藥劑師，是個可隨身攜帶的藥房。

卡森斯的病情逐漸好轉，他的行動力一年比一年進步。儘管有些人懷疑，他的康復與他做的這些事無關，認為他就算什麼事也沒做，身體也會康復。也有人認為，他只是從自己進行的安慰劑實驗中受益而已。但卡森斯相信，他的親身經驗證明了，求生意志力與想像的力量，能夠釋放我們體內的強大自癒能力。

求生意志力與想像的力量，能夠釋放我們體內的強大自癒能力。

三種有益的練習

我發現下列三種練習對於自我肯定非常有幫助。

1. **運用放鬆技巧種下肯定的種子。**若我們無法從忙碌的日常生活抽離出來，自我肯定就無法發揮作用。我們必須放慢身心的步伐，透過練習放鬆，學習放慢生活的步調。當進入深度放鬆的狀態，腦波會變得非常緩慢，在這種狀態下，我們的大腦很容易受暗示影響。透過視覺性與情緒性的肯定，我們可以在心中種下某些想法與意象。當然，最困難的部分在於學會放鬆。

放鬆的技巧有許多種。最好的方法是先刻意繃緊身體的肌群，然後放鬆。這種技巧的理念在於，如果你能繃緊肌肉，就代表你也能放鬆這些肌肉。另一種技巧是透過想像來放鬆身體，想像自己變得和布偶一樣軟綿綿的，或是想像自己所有的肌肉都變得又軟又長。另外，你也可以想像自己的雙腳變得非常沉重，然後這種沉重的感覺一路向上擴散，經過雙腿、軀幹、手臂、脖子、背部，最後到達臉部。

此外，在意識朦朧時分，也就是在我們即將起床與即將就寢的時候，腦波會變得很慢。這是我們重新設定大腦的最佳時機，因為潛意識在此時最容易接受暗示。我曾在自己的孩子身上，運用放鬆原則植入肯定的意念，效果非常顯著。

2. **運用重複性確保目標順利達成。**假若你想透過肯定的力量改變某些行為，或是為某個活動做好準備，你必須一再體驗你想達成的目標。你要在心中不斷告訴自己，想像那個畫面，感覺那個情景，把成功的景象變成自己的一部分。請記住，你正在重新設定自己的大腦，消除與抹去先前的設定。你不再按照父母、朋友、社會、環境或遺傳為你設定的劇本而活，你透過肯定的力量，按照你選擇的新劇本而活。透過重複的自我肯定，你可以不斷獲得成長與改變。

3. **運用想像力與視覺意象，看見改變成真。**進行自我肯定時，你愈生動清楚的看見愈多細節（例如，辦公室窗簾的顏色，做早餐時赤腳感受到的地板質地，辦公桌上攤開擺放的計畫筆記本，女兒的成績單等等），你就愈不會採取旁觀者的角度觀察此情此景，而是以參與者的身分體驗一切。你發揮愈多感官功能，將你希望達成的改變視覺化，你真正改寫人生劇本的機率就愈高。我們大多數人都忽略了這種與生俱來的創造性能力。

我們在生活中太過倚賴回憶，卻又太少運用想像力。也就是說，我們花太多時間留戀過去，花太少時間想像其他的可能性。這就像開車時不看前方，只盯著後視鏡看一樣。

在人類太空探索計畫中，太空人需要接受的訓練，包括許多時數的模擬太空飛行，其目的在於訓練或調整太空人的身心，使他們能夠在人類從未經歷過的環境中，順利完成任務。當他們真正在外太空面臨挑戰時，往往可以有優異的表現，這都要歸功於他們受過的模擬訓練。他們透過想像力與創造力，預見未來可能發生的事，因為心智不受傳統規範的束縛，於是能夠自由發揮彈性與適應力，做到真正的創造與創新。

請你試著每天在自己的祕密花園裡，透過自我肯定，耕耘有意義的人生。

透過肯定的力量，按照你選擇的新劇本而活。

應用與建議

1. 試著透過寫日記，來追蹤自己朝向首要成就邁進的進度。本書提供的應用與建議，會鼓勵你記錄自己的想法，並且將計畫寫下來。

2. 在個人日記中回答下列問題：

- 你在哪些方面為了追求次要成就，犧牲了首要成就？
- 請自問：「我認為什麼才是對的？我堅信的道德信念是什麼？我該怎麼過我的一生？」寫下你對自己的探索。

3. 造訪「祕密花園」最棒的一個好處是，你擁有決定自己要什麼的能力。你需要改變哪些人生目標？寫下你最有意義的人生目標，以及你打算如何實現這些目標。

4. 試著寫出一個好的自我肯定宣言。先寫出你以往告訴自己的人生劇本，然後改寫這劇本。你想肯定自己的哪個部分？你有哪些優點或過人之處？你能做出哪些有益的貢獻？

第 2 章

品格：首要成就的源頭

當我們認為沒有人看到時，我們的所作所為，就是品格。
—— **布朗**（H. Jackson Browne）

說到底，品格（你是個什麼樣的人）比能力（你能做什麼）更加重要。首要成就的根本，就是品格。

我特別強調高尚的品格，是因為我相信品格（一個人的為人）最終仍舊比能力（一個人能做到什麼）更為關鍵。此二者顯然都很重要，但品格更為根本，一切皆立基於此。即使是最好的架構、系統、風格與技能，仍無法完全彌補品格上的缺陷。此外，我相信勇氣與體諒是擁有成熟穩定情緒的關鍵因素，我也相信，成熟穩定的情緒是決定人際關係好壞與否的基礎。

情緒成熟穩定的人同時也是高效能人士。他們可能擁有健全的自我，也懂得尊重他人；一方面能以勇氣堅持原則，一方面能體諒他人，並在此二者之間取得平衡。

在勇氣與體諒之間取得平衡，就是成熟

我最早是從哈佛商學院教授薩克森尼恩（Hrand Saxenian）的身上，學到這個觀

品格（你是個什麼樣的人）比能力（你能做什麼）更加重要。

念。薩克森尼恩當時正針對這個主題，進行博士論文研究。

他教導我：成熟穩定的情緒意謂，你有能力勇敢表達自己的感受與信念，同時體諒他人的感受與信念。

這個觀念令我大為震撼，但更令我震撼的是，他以身作則體現這個觀念的方式。舉例來說，當我們上到統計學時，他告訴全班同學，他不太懂統計，他會和我們一起學習統計學。他同時表示，他了解我們的感受是什麼，因為我們得和其他學生及小組競爭，而且必須參加全校性的考試。

為了自保，我們派了一名代表到學務長辦公室，要求換一位新的統計學老師。我們告訴學務長，我們喜歡薩克森尼恩老師，但他不懂統計學這件事，不利於大家參加考試。結果，學務長竟然只是淡淡的說：「那你們就好好努力吧。」這回答令我們相當不悅，只得回去找薩克森尼恩教授。他給了我們一些筆記，讓我們發給全班同學。照這樣看來，我們其實是靠互相幫助學習統計學的。最後，我們這個小組（全校共有八個小組）的成績在全校考試中名列第二。

我深信我們能得到好成績，是因為薩克森尼恩老師有勇氣坦承不了解統計學，以及出於對我們的體諒，為我們找出解決方法。薩克森尼恩老師讓我們看見，勇氣與體諒通常會在偉大的領袖身上並存。事實上，他用歷史向我們展現，那些真正偉大的領袖能在共同的願景之上建立強大的文化，是因為他們具備這兩種成熟情緒的特質，在此二者之間取得平衡，並美妙的與自身合而為一。

我自己則透過另一種方式，測試這個觀念。首先，我遍尋歷年來的管理思維、人際關係理論，以及心理學理論，最後得到了相同的答案。舉例來說，哈里斯（Thomas Harris）在《我好，你也好》（*I'm Okay, You're Okey*）一書中，所提到的溝通分析（transactional analysis）理論，其實源自伯恩（Eric Berne）的《人間遊戲》（*Games People Play*），以及佛洛伊德的心理分析理論。要創造「我好，你也好」的狀況，靠的不就是勇氣與體諒嗎？「我好，你不好」意謂，我有勇氣，但對你不夠尊重或體諒。「我不好，你好」代表，自我欠缺力量，沒有勇氣。而「我不好，你也不好」則代表，勇氣與體諒都不足。

接下來，我檢視布雷克（Robert Blake）與穆頓（Jane Mouton）的研究，這兩位傑出的理論家從兩方面看待成功：「你屬於任務導向，還是人際導向？」有些人在其以勇氣推動任務的完成，再加上對他人的尊重與體諒。

中一方面得分很低，有些人在兩方面的得分都很低。當然，最理想的狀況是，在人際與任務導向上都得高分。換句話說，就是以勇氣推動任務的完成，再加上對他人的尊重與體諒。

雙贏（win-win）的概念基本上也是如此：你尊重自我，所以力圖獲得成功，但你同時努力讓別人也獲得成功。若你具有統合綜效的精神，把你的優點與他人的優點結合起來，就可以得到更好的解決方案，不論在使命宣言、決策、策略結盟，以及顧客與員工關係等方面皆然。我贏你輸（win-lose）策略是只尊重自己，不顧慮他人與他人的處境。而我輸你贏（lose-win）策略代表不夠尊重自己，太過顧慮他人。

經過檢驗，我發現所有的心理學理論都聚焦於相同的兩個因素。勇氣有時也被稱作尊重、信心、意志堅強或自我強度（ego strength），體諒則可能被稱作同理心或仁慈。我也在偉大的哲學與宗教文獻中，發現相同的平衡關係：「己所不欲，勿施於人」展現了統合綜效的精神。

最後，我曾與多位波多里奇獎得主進行訪談。波多里奇獎是一個定期頒發的獎項，用來表揚產品或服務獲得巨大品質改善的個人與組織。

我問這些得主：「你面臨過最艱巨的挑戰是什麼？」他們全都給了我相同的答案：「放棄主控權。」

換言之，他們的意思是：「我們必須與所有的利害關係人建立統合綜效關係。我們必須真正相信他人，不是在個性品格的層次，而是毫無保留的信任。我們也必須學習，如何堅定表達對事的看法。」

在本質上，這些波多里奇獎得主需要學習的是：雙贏思維，知彼解己，以及統合綜效（也就是《與成功有約》七個習慣中的第四、第五、第六個習慣）。透過練習養成這些習慣，可以獲得新的洞見與技巧，打開新的選項，與他人產生更多合作與連結，並且提振創造力。但這些行為必須來自真正的雙贏思維，以及勇氣與體諒的平衡。

獲得更好的結果與人際關係

在勇氣與體諒之間保持平衡，有助於我們獲得更好的結果與人際關係。若欠缺這種平衡關係，往往會顧此失彼。舉例來說，我曾與某大型組織的總裁合作。這位總裁是個任務導向的人，如果他需要建立某個關係以達成目的，他會使出渾身解數，贏得對方的心，但他的目的僅限於眼前的任務。他與對方的關係取決於任務的存在與否。換句話說，一旦他建立了關係，就會開始展開任務。我也認識一些與他完全相反的人；他們對人際關係有非常高的需求，甚至願意透過任務與對方建立關係。

哈佛大學知名心理學家麥克利蘭（David McClelland），致力於研究商業界的成功因素，他發展出「成就需求量表」。

他會拿不同圖片給企業員工看，請對方根據圖片編一個故事。聽完他們說的故事後，麥克利蘭會為他們建立個人檔案，然後向他們的雇主提供建議，將合適的員工特質與工作需求配對。

麥克利蘭通常根據人們對權力、歸屬感或成就的需求，將他們分類。也就是說，他採納的是內在動機的概念，將品格視為獲得長遠成功的關鍵因素。

品格勝於能力

即使是受過高等教育的人，假如內心不夠成熟，空有技能也是枉然，終會招致失敗。例如前面提到的任務導向總裁，他在公司董事身上耗盡了自己的社會資本，以致到了後來，他再也沒有能力影響董事們的意見。董事們不再支持他，並希望把他換掉，因為他們覺得自己被一個又一個誇大的簡報，以及各種好聽的話語操弄。最後這位總裁只能自食惡果。技巧無法勝過品格，但我們多數人所受的訓練與教育，其目的是為了培養能力，而非品格。

那麼，我們該如何培育重要性不亞於能力的品格？

你可以向周遭可能影響你成敗的人探詢，他們對你的品格有什麼評價。你可以利用三百六十度利害關係人資訊回饋系統，得到答案。這種方法可以給你具體、科學與系統性的回饋，讓你了解自己在品格與能力方面的表現。三百六十度意見調查是向所有利害關係人取得資訊：員工、顧客、主管與同事。人們得到結果時，可能會說：「天哪，我的績效雖然很好，但我在團隊建立與向人求助方面的得分很低。

即使是受過高等教育的人，假如內心不夠成熟，空有技能也是枉然。

我該如何改善這個情況？」於是，他們知道自己需要在品格培養方面下功夫，開始動用周遭的資源，像是家人、朋友、專業機構、教會，以及支持團體。

謙卑與勇氣：美德的源頭

我一向主張，謙卑是美德之母，因為謙卑可幫助我們遵循原則生活，不脫離正軌。謙卑也幫助我們看見自己需要持續不斷的薰陶品格，並幫助我們成為體諒他人的人。我也認為，勇氣是所有美德之父。勇氣與體諒結合在一起，可使我們成為完整的個體。心理學家榮格認為，人類要發展到晚年階段，才能達到個體化（individuation），也就是人類個性的徹底整合。人類必須經歷不同的個體化階段。我們一定要經歷過許多事情，走過許多冤枉路，才能逐漸看見自己犯的錯所造成的後果，然後逐漸獲得內在人格的整合。

因此，你必須發揮耐心以培育穩健的品格，從零開始，每天遵循有效的原則一點一點進步的人，會逐漸擁有愈來愈強大的影響力，然後成為良好品格的典範，最後成為他人的精神導師與老師。他們成為變革推手與轉化動力，為自己的家庭、組織或社群，打破負面行為的循環。

舉例來說，我認識一家跨國企業的合夥人，他們公司裡有許多員工能力非常強，但不太為其他人著想，他們對這個情況感到相當頭痛。換句話說，這些員工很聰明，但沒有禮貌。「這反映出我們的求才標準，我們挑選合夥人的標準，以及我們獎勵員工的標準。我們創造了一個低互信的文化。無怪乎我們流失了一些最優秀的員工。公司裡的政治氛圍詭譎難測。我們已經嚴重偏離了公司的創始精神。」

在這段分析中，企業文化的品格才是重點，然而，我們卻任憑許多摧毀品格的力量橫行無阻，直到我們喪失了公司創始人的初衷，或變得因循苟且，不再具有開創精神。因此，我們必須開始改寫自己的人生，啟動達成首要成就的槓桿。

改寫你的人生劇本

我們該如何改寫自己的人生？通常必須先得到一些教訓，這教訓可能來自環你必須發揮耐心以培育穩健的品格，從零開始。

境，例如沒有得到預期的結果或失去財產，也可能來自危機，例如沒有得到我們渴望的意義或成就感，或是來自人際關係的破裂，例如與同事、配偶或孩子的關係破裂。唯有如此，我們才比較願意接受一個事實，那就是尊重、同理心、誠實與信任這些普遍為真的原則，才是主宰一切的力量。我們也才比較願意為自己的為人處世負起責任，並願意培養與遵循一股堅定的使命感，進而成為一個健全的人。歸根究柢，我們的為人（品格）才是獲得真正成功的關鍵因素。

事實上，我自己已經得出一個結論，若要取得能力與品格之間的完美平衡，唯一的方法就是忠於自己的良知，忠於我視為正確的原則。這麼做的好處是，假如我的能力或品格出現任何問題，我通常能在幾小時之內（最多幾天），在自己的生活中發現不符合原則的瑕疵。

我們知道，有些演員覺得自己在剛出道時，被迫接演不喜歡的角色。隨著他們逐漸獲得他人的尊重，他們可以開始拒絕自認不符合現有地位的劇本與角色，甚至可能自己寫台詞，或決定要演哪個角色。我們在自己的職業生涯，也能這麼做。

我深信，我們可以撰寫自己的劇本，並按照這套劇本活出自己的人生。這是大多數人沒有意識到的道理。我也明白，這麼做需要付出不少代價。其中必有許多拉扯。我們需要擁有視覺化與自我肯定的能力。我們也需要開始過健全的生活，先從願意做出承諾並兌現承諾做起，直到我們個性的所有部分（感官、思維、感覺與直覺）不再相互衝突。

品格培育與堅守原則

許多人需要先戒掉生理與心理的癮頭，因為這些癮頭形成了阻礙，同時降低生活的品質。在戒掉癮頭之前，他們無法有太大進步，因為意志受制於身體。假如他們能在某種程度上掌控自己的欲望，就能對自己的熱情有某種程度的控制，甚至能開始組織自己的動機與渴望。一旦戒掉癮頭，就可走上通往進步的路。這時，品格培育的進展就會突飛猛進，就像掙脫了地心引力的強大拉力，進入太空，來到一個充滿彈性與自由的世界。

我們每天都要與自己的生理習慣與欲望拉扯。以我而言，我必須隨時提醒自

一旦你違背某項原則，可能就會開始違背其他的原則。

己，要遵循智慧、良知與正確的原則行事，否則遲早要嚐到惡果，或是讓周遭的人因我而受苦。一旦你違背某項原則，可能就會開始違背其他的原則。例如我發現，假如我在晚餐時狼吞虎嚥，就會導致我接下來對別人的感受變得遲鈍。我必須隨時保持自制。每當我感覺心中浮現怒氣，只要我開始自我分析，通常會發現這股怒氣源自我自己的輕率或放縱。我可能會自我辯解或將自己的行為合理化，但只要我捫心自問，就會知道這麼做會削弱我的意志力，也會影響我體諒他人需求與感受的敏感度。

當我們建立堅實的品格基礎後，就能按照自己的個性自由揮灑。如果沒有品格做為根基，你可能看似走得很穩，但到了緊要關頭，就會被連根拔起。這種天翻地覆可能是最痛苦的學習經驗，但也可能成為最強大、最有用的經歷，使我們回歸健全的人生。

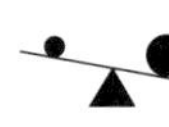

應用與建議

- 根據你預想的人生藍圖（你能對家庭、組織、社群做出的貢獻），構思你的個人使命宣言。根據普遍為真的原則寫成宣言。
- 當你與他人溝通時，想想自己是否在勇氣與體諒之間取得平衡。你能勇於表達自己的感受與信念，同時不忘考慮他人的感受與信念嗎？下次當你進行重要的對話時，試著努力取得勇氣與體諒之間的平衡。
- 你是否在生產力與生產能力之間取得平衡？找一天記錄你花了多少時間進行生產，以及你花了多少時間提升自己的生產能力（也就是運動、閱讀、學習，以及與他人建立關係），然後比較此二者。在個人日記寫下你對這個練習的反省。你學到了什麼？你需要改變什麼？
- 生理與心理的癮頭侷限了我們的心智與心靈。我們大多數人都有根深柢固的習慣，而這些習慣成了前進的阻礙。是什麼阻礙了你？你能怎麼做以掙脫束縛？你可以為自己設定一個目標，可以是改掉一個壞習慣，也可以建立一個對你或你的生活有益的習慣。

第 3 章

如何與原則步調一致

改變你的看法，但堅守你的原則；讓你的樹葉隨季節變換，但讓你的根穩穩扎在地底下。

—— 雨果

原則與自然法則是絕對、無可爭辯，而且永遠是最重要的。這個真理是擁有成功人生的基石。要活出追求首要成就的人生，首先要讓你的生活聚焦於原則。我們將在本章探討如何做到。

獲得首要成就的關鍵，在於以原則做為生活的中心。我們無法掌控這個世界，是原則掌控了這個世界的運作。我們若以為自己能掌控一切，那就太過自大了。是的，我們能掌控自己的行動，但無法掌控行動造成的結果。原則（自然法則）主宰了所有的結果。

要培養品格與生活品質，我們必須讓自己的信念和行為，與普遍為真的原則步調一致。這些原則與人無關、建立在事實之上、是外在的、客觀的，而且不證自明。不論我們是否覺察它的存在，或是否遵從，它永遠主宰了我們的世界。

為何以原則為中心？

有些人問我，為何要大費周章的區分原則與價值觀的差別。他們說：「我擁有自己的價值觀，我的價值觀不比別人的價值觀遜色。」我認為區別兩者如此重要，是因為大多數人認為價值觀等同於原則。事實上，有一個執行長曾告訴我：「我們公司是價值導向。」而我對他說：「所有的公司都是價值導向。真正的問題在於，這些公司的價值觀是否建立在原則這個外在自然法則之上，因為這些原則最終將主宰世上的一切。」

假如你和你的員工曾花時間費心制定公司的價值體系，那麼這些內容通常會反映出真正的原則。然而有時候，大環境的文化（例如媒體）、次文化（例如對某個音樂團體的迷戀）、或是某些影響力（影響眾人情緒的事件，或是極具號召力的人物，例如某位權力極大的主管，不僅極度自我中心，而且有某些強烈的執著），可能會造成價值觀的扭曲。而這些扭曲的價值觀可能讓你完全迷失自己的方向與道德觀。許多公司有一個心照不宣的價值觀，叫作貪婪，這個價值觀會扭曲公司原本根據原則追求獲利的精神。當這個情況發生時，你就失去了根基，變成一個三心二意、反覆無常的人，完全迷失了方向。

另一個常見的問題，是關於相對與絕對的古老論戰。人們問我：「這世上的一切都是相對的，你怎麼能說，這世上有所謂的真理？」

我會告訴他們，用三個詞「普遍為真」、「永恆不變」、「不證自明」來進行測試：

普遍為真

假若世上沒有普遍為真的原則，正北方就不存在，那麼這世上就沒有任何你可以倚賴的東西。你可以把內在品格丟在一旁，只要設法在社會與經濟市場中，創造一個討好眾人的形象就行了；而你最後得到的也只會是，一個不依照正直與誠實等自然法則運作的商業與政治制度。

要想打造健康的社會，關鍵在於讓社會意志和價值體系，與正確的原則步調一致。若無法遵守原則而行，你的組織就會因為價值觀扭曲而生病。例如，掠奪他人財物的幫派份子，他們公然宣告的使命與價值觀，可能和許多企業的使命宣言非常相似，同樣使用團隊合作、同心協力、忠誠、獲利、創新與創造力等字眼。問題在科學與科技幾乎改變了一切面貌，但主宰人類天性的基本法則恆常不變。

於，他們的價值體系不是建立在誠實與尊重他人等自然法則之上。

永恆不變

正北方是根本原則的象徵，這些原則不會因為時空的遷移而改變。一旦違背自然法則，向時下流行的觀念靠隴，你的判斷力就會受到不好的影響。你會認同受到扭曲的觀念，開始用合理的謊言為自己辯解，並且遠離「種瓜得瓜，種豆得豆」的自然法則，而去擁抱社會與政治界認同的成功守則。例如，我們會讀到關於某些人面臨財務危機的報導。他們往往難過的承認，自己大樓蓋太多、錢借太多、過度投機，他們的言談欠缺客觀的反省，只有一長串的自說自話。他們現在全都負債累累，在未來的許多年必須努力工作償還，並從此與健康和財富無緣。

犧牲卓越與便宜行事必須付出非常高昂的代價，包括時間、金錢、名聲與人際關係。同樣的，當我們著眼於當下的滿足，往往會使其他人受到不利的影響。受到迷惑而遠離自然法則是件危險的事。良知是永恆不變的真理與原則的寶庫，是我們心中的自然法則監督者。這世上唯一未因演化而改變的，只有自然法則與原則，猶如羅盤永遠指向的正北方。科學與科技幾乎改變了一切面貌，但主宰人類天性的基本法則恆常不變，不論時光如何流逝。

不證自明

真正的原則就如同美國獨立宣言所述：「我們認為這些真理不證自明。」也就是說，你可以試著與其爭辯，但只是白費口舌而已。假如你試著反駁某個原則，結果發現自己的論點非常愚蠢，你就知道這個原則是自然法則。以「自己闖的禍，無法靠嘴巴說說解決」這個原則為例，意思是說，你必須當個值得信賴的人，才能贏得別人的信任。現在，試著反駁這個觀念。你可以觀察，別人在闖禍之後，如何試圖利用言語讓自己脫身，或是企業在惹上麻煩後，如何試圖雇用公關公司為自己擦屁股。

驕傲的人希望贏得眾人欽佩；謙卑的人只想服務他人。

根據原則行事，而非價值觀

假如你目前的生活方式與自然法則有衝突，那麼你可以把以價值觀為導向的人生藍圖，換成以原則為中心的人生羅盤。當你明白原則主宰了一切，就可能願意拋開原有的價值觀，讓自己的角色、目標、計畫與行為，以原則為依歸。

然而你通常只有在面臨危機時，才會這麼做，像是公司正在裁員，工作可能不保，你和老闆的關係陷入僵局，某個主要客戶離你而去，婚姻岌岌可危，財務出現問題，或是因為不注重飲食與運動而導致健康亮起紅燈。若沒有人生危機的刺激，我們往往麻木的安於現狀，忙著做對自己有益、輕鬆或是例行的事。我們甚至從來沒想過要問問自己，我們所做的真的是人生中最重要的事嗎？在這種情況下，安逸成了讓自己更進步的阻礙。

謙卑是美德之母。謙卑的人總是不斷成長，因為他們願意屈服於自然法則與普遍為真的原則，並與它們和諧相處。勇氣是美德之父。我們需要鼓起勇氣，才能依循正確的原則生活，並在做出重大抉擇時保有正直。

當我們按照自己的意思或社會期待建立價值體系，並且根據自己的價值觀（而非原則）發展出個人的使命與目標，往往成了我行我素的人，驕傲的獨立行事。驕傲的人希望贏得眾人的欽佩；謙卑的人只想服務他人。我們重視某個東西，不代表擁有這樣東西可提高我們的生活品質。政府、商業或教育上的改革，若不建立在真正的原則之上，絕對無法成功。然而，我們看到有些領導人，即使他們帶領的船正在下沉，仍緊抓住建立在自我選擇的價值觀與壞習慣的現有做法，而不願乘上原則這艘救生艇，讓大家順利得救。傲慢是事業發展最大的敵人。傲慢大聲呼喊著：「我最厲害！」若選擇傲慢，我們只能胡亂摸索，一路走得跌跌撞撞；自負必定招致失敗。若選擇謙卑，我們就能不斷進步。在經典電影「聖戰奇兵」中，主角印第安納．瓊斯學到一個教訓：「只有懺悔的人得蒙救贖。」

我們若心存傲慢，往往種下一種作物，卻期待收割別的作物。許多源自傲慢的思維模式與習慣，無法為我們帶來預期的結果，因為這些思維模式與習慣，建立在假象、廣告口號、每月訓練課程，以及以個性為導向的成功策略之上。假象無法孕育出精采的人生。那麼，我們該如何讓自己的人生，與主宰生活品質的正確原則同心存傲慢的人，往往種下一種作物，卻期待收割別的作物。

步而行？

我們人類有四種獨特的天賦：自我覺知、良知、獨立意志與創造性的想像力。這些天賦區分了人類與動物的不同，同時幫助我們分辨現實與假象，使自己的人生與主宰生活品質的法則步調一致。

自我覺知

自覺促使我們檢視自己的思維模式（我們看世界的角度），檢視自己的想法，察覺社會為我們寫的劇本，以及將刺激與反應明確分開。擁有自覺，我們就能不受制於次要成就，負起重新設定人生或重寫人生劇本的責任，追求首要成就。許多心理學、教育與訓練方面的新運動，都聚焦於提升自覺力。坊間最暢銷的自我成長書籍，大多也著重於這個能力。不過，自覺只是人類獨特的天賦之一。

良知

良知使我們覺知到自己心中比想法更深的東西，以及比我們的價值觀更可靠的外在原則。良知使我們的內在智慧連上古老的智慧，像是一種內在指引系統，幫助我們覺察，自己的行為或打算做的事是否違背正確的原則。良知是普遍存在的。在幫助企業與個人擬訂使命宣言的過程中，我發現，最個人的東西往往也是最普遍存在的東西。不論人們的宗教、文化或成長背景是什麼，他們的使命宣言都與人類基本需求有關：生活（健康的生理與財務狀況）、愛（健康的社交生活）、學習（健康的心理），以及留給後世的貢獻（健康的心靈）。

獨立意志

獨立意志是行動的能力，給予我們力量超越固有的思維模式，向源頭追溯，改寫人生劇本，根據原則行事，而非根據感覺、心情或環境因素做出即刻反應。環境我們不是自己過去經歷的產物，而是個人選擇的產物。

或遺傳可能對我們產生很大的影響，但無法主宰我們。我們不需要受外力宰制。我們不是自己過去經歷的產物，而是個人選擇的產物。我們有能力做出反應，這意謂自己能夠決定要做出什麼反應。這個做出選擇的能力，反映出一個人的獨立意志。

創造性的想像力

創造性的想像力使我們能夠超越現實狀況，發揮創造力。它賦予我們能力寫出個人使命宣言、設定目標、規劃會議，或是預見自己在最艱困的處境下，仍忠於原則。我們能任憑自己的想像力馳騁，規劃自己想要的未來藍圖。我們不能靠回憶而活，因回憶受限於有限的範疇，只關乎過去。想像力是無限的，它關乎現在與未來，充滿潛力、願景、使命與目標，著眼於此刻之外，放眼所有的可能性。一般人的成功法則是努力再努力，盡力而為。然而，除非你的意志力有創造性的想像力相助，否則你的努力將顯得薄弱，而且效果不彰。

培育個人獨特的天賦

上述的四種天賦需要我們持續給予滋養，不斷加以運用，就像每日三餐，昨天吃的飯無法止住今天的飢餓。上星期天吃的大餐，無法給我精力面對這星期四的挑戰。假如我每天早晨靜坐冥想，並預見自己以忠於自我的心、開放的心態、誠實，以及我能動用的所有智慧，面對挑戰，對我才比較有益。

以下是四種培育天賦的方法：

首先，**透過寫日記培育自覺力。**寫日記（每天深入分析與評價自己當天的經歷）是一個非常有效的方法，有助於提升自覺力與所有天賦，並促進所有天賦產生綜效。

其次，**透過學習、傾聽與做出回應，培育良知。**我們大多數人在相當不利於培養良知的環境中生活與工作。要清楚聽見良知的聲音，通常需要進入反省或沉思的狀態，但我們鮮少選擇或處於這樣的狀態，而總是被各種活動、噪音、制約、社交媒體，以及有瑕疵的思維方式淹沒，導致敏感度變得遲鈍，以致於聽不見隱微的內在聲音。那些聲音會教導我們，什麼才是正確的原則，並讓我們知道，自己與這些原則的契合程度。

我曾聽人們說，他們無法順從良知，因為說謊、掩飾、欺瞞或玩遊戲才是權宜之計。他們說，那是工作的一部分。他們確實是這麼說的，但我不認同。我認為，這種合理化的辯解之辭破壞了人與人之間、以及組織間的信任。

健全的人生是唯一值得我們努力追求的。這誠然是一種奮鬥。有些受到眾人信賴的顧問（包括公關顧問、會計師、法律顧問）可能會說，「這是政治自殺」或「這對我們的形象有害，我們必須加以掩飾或說謊」。你可能真的覺得自己左右為難。不過，只要擁有扎實的良知或內在羅盤，你就不太會面臨別無選擇，或只能選擇最糟選項的情況。你永遠有多個選項。若你明智運用與生俱來的獨特天賦，合乎道德的選項一定會出現。

這一切取決於你如何培育自己的良知，也就是你的內在羅盤。運動員必須努力鍛鍊體能，才能處於最佳狀態。你也必須經常鍛鍊自己的良知。你的內心有愈多不確定的疑問，道德的模糊地帶就愈大。

你一定會遇到不確定自己該怎麼做選擇的灰色地帶，尤其當你無法從過去的教育與經驗得到答案時。隨著你的成長，你學會根據自己認定為正確的事，而非最便利的方法，做出選擇。

第三，**由做出並兌現承諾，培育獨立意志。**要不斷強化獨立意志的最好方法之一，就是做出並兌現承諾。

我們每次這麼做，就為自己的個人帳戶多存入一些存款。這個帳戶裡存的是我們對自己的信任，以及言行一致的能力。要培育正直的人格，必須先從做出與兌現承諾做起，一點一滴的累積。

最後，**透過視覺化開發創造性想像力。**視覺化是一種有效的心理練習，廣受一流運動員與表演家運用，也可以用來提升你的生活品質。舉例來說，你可以運用想像力，看見自己處於一個不舒服或痛苦的情境中。在此情境下，你按照原則與奠基於原則的價值觀做出反應，而非依平常的習慣做出反應。預測未來最好的方法，就是自己創造未來。

預測未來最好的方法，就是自己創造未來。

扎根才能結果

當我們以原則做為生活的中心而變得謙卑，才能向過去學習更多，同時對未來懷抱希望，活在當下，秉持自信而非傲慢而行動。傲慢就是欠缺自覺，是一種盲目、一種假象、一種錯誤的自信，以及一種自以為不受制於生命法則的錯覺。真正的自信立足於一種確信——相信我們若根據原則而行，就能提升自己的生活品質。這種自信源自品格與能力。我們的內在安全感並非來自財產、地位、學歷與證書，或是與他人的比較，而是源自我們對正確原則毫不動搖的忠誠。

我觀察到，若沒有在人生的某個階段，以原則為中心而活，我們往往會採取權宜之計，追求政治與社會化的成功，並任由環境定義自己的道德觀。他們會說，「在商言商」，言下之意是，他們按照自己認同的價值觀行事，甚至可能以「在商言商」之名，將自己嚴重違反原則的行為合理化，即使他們有崇高的使命宣言。

唯有聚焦於永恆不變的原則，並視之為生活的準則，我們才能擁有健康的身體、健全的道德感以及社交與財務狀況。

應用與建議

- 你是否正忙著做對自己有益、輕鬆或是例行性的事務，而不是生命中真正重要的事？在你的生活中，哪些對你有益的事，阻礙了你成就最好的自己？在日記中寫下你生命中的優先目標，然後將這些目標區分為重要和次要兩類。接下來擬訂計畫，確保你把最多精力與精神，放在最重要的目標上。
- 創造性想像力賦予我們能力，靠自己創造未來。它也賦予我們能力，預見自己遵循個人使命宣言行事，即使我們正面臨最惡劣的情況。寫下可能誘使你拋棄使命宣言的情況。在那些情況下，你仍決意要做的事是什麼？
- 要培育正直的人格，先從做出小小的承諾並一一兌現做起，每天做一點，持續一個星期。然後在日記寫下你的成果。

第4章

保持在正確的方向上

不要給我愛，不要給我金錢，不要給我名譽，請給我真理。
—— **梭羅**

永恆不變、普遍為真的原則主宰了我們的人生，認同這個觀念是一回事，能否真正根據這些原則改變人生的方向，又是另一回事了。要朝著正北方前行，我們必須遵循羅盤指引的方向，但即使手中握有羅盤，仍然很容易就脫離正軌。本章主旨就是，如何讓自己保持在正確的軌道上。

許多人真切的認為自己握有適當的價值觀、原則與倫理觀，正朝著正確的方向前進。但日子久了往往發現（通常是透過客觀的外在力量或是危機的發生），自己迷失了方向，或是岔離正道甚遠。令人分心與扭曲的觀念，導致他們繞了一大段遠路，或是走進了死胡同。

那麼，我們該如何始終如一的遵循首要成就的原則？

多年來，我用一個小小的童軍羅盤，來說明朝正北方前進的概念。

當我面對一群來自四面八方的聽眾時，我會請他們閉上眼睛，指出正北方在哪個方向，然後請大家睜開眼睛，看看四周。結果每個人都大笑起來，因為大家指的方向都不相同。

導致判斷扭曲的三個原因

如何能夠永遠保持在正確的方向上？如何在一個真實的組織中，集結所有人朝同一個方向前進，並保有方向感，使每個人都望向同一個方向？這不是件容易的事，因為我們可能產生扭曲的判斷。我列出三個導致扭曲的原因。

1. 建築物（文化）。當我拿著羅盤從室內走到戶外，我發現羅盤的指針會產生輕微的轉向。這代表室內的環境稍微扭曲了羅盤的指向。同樣的，周遭的文化會改變人們對道德的識別力，而我們卻鮮少思考這個問題，只是一味假定自己的前方就是北方。然而，當我們離開室內，走進大自然，會發現手中羅盤的指向，因為建築物本身具有的磁力而偏離正北方。我們的行為也是如此，有可能因為道德文化的扭曲，逐漸偏離正軌。

2. 投影機（次文化）。接下來，我把羅盤面朝下，放在一個傳統式投影機上，向大家展現，這台機器也會改變羅盤的指向。

我用這個比喻來說明，某個家庭、群體、團隊、單位或企業的次文化，也會扭曲我們的方向。任何力量強大或是具有說服力的次團體，都能定義出一個具偏離性的正北方。

3. **磁力（強烈的情緒、強勢的個人或令人信服的哲學思想）**。最後，我拿出一小塊磁鐵，放在羅盤旁邊。我發現我可以控制羅盤的指針，讓它指向我指定的方向，甚至讓指針轉個圈，或是來回晃動。我用這個比喻來說明，使人的情緒產生強烈波動的重大事件，可能改變我們對北方的認定；極為強勢、自我意識強烈的個人，可能改變我們對北方的認知；一個聽來頭頭是道的哲學思想，也可能扭曲我們的覺知。

上述三種力量以及其他的任何力量，都可能影響羅盤的指向，但真正的北方只有一個。

當多重的力量匯集，比如當這三種力量（文化、次文化以及個人或哲學思想）結合在一起，就會造成強烈的扭曲。你可能朝著正南方前進，卻一直以為是正北方，錯得離譜。

這種情況好比暈眩，也就是頭暈目眩或頭昏眼花的狀態。當一個飛行員失去了一個聽來頭頭是道的哲學思想，也可能扭曲我們的覺知。

方向感，迷失了方向，他的本體感覺會失效，喪失空間感，並且搞不清自身與地面的相對關係。此時你也許正處於厚厚的雲層中，還以為自己與地面平行，當意識到方向感出錯時，可能為時已晚。許多個人與組織的失敗，都是由於他們的倫理觀迷失了方向。

回歸標準

為什麼會有這麼多個人與組織，成了迷途羔羊？這是因為有許多誘惑性的訊息與力量在作祟。媒體向我們傳達的許多訊息，都在誘使我們忽略良知，放縱自己做我們想做的事。

一旦人們依循業界慣例或自我的標準，為自己暗中進行的或貪婪的商業操作加以辯解，就會迷失方向。

最優秀的領導人懂得保持謙卑，並願意放下身段，與他人分享權力。他們的內部與外部影響力，也因此獲得驚人的提升。

謙卑使我們與自然法則保持和諧的關係，一旦違反，必會受傷。

我深信，只要對於遵循原則有強烈的責任感，任何人都能坦然面對成功或失敗，包括財富或名譽的成敗。在最傑出的組織中，自然法則與原則主宰一切，就像國家的憲法一樣。即使是公司裡位階最高的人，也必須臣服於此，沒有任何人可以凌駕於原則之上。

當人們一意孤行，就相當於一股磁力，使羅盤的指針偏離北方，最後踏上傲慢與失敗之路。

一般而言，從政之道的關鍵在於贏得選舉，並獲得連任。但有一位美國參議員卻反其道而行。

這位政治人物總是要到最後一刻才宣布要競選連任，因為他不希望自己與工作團隊為了投入選戰，調整既定的方向，而是希望自己的團隊能一直保持在正軌上。

他心無旁騖，一心一意要服務選民，不管這麼做會不會影響自己獲得連任的機率。

展現對彼此的尊重，並尋求統合綜效，將彼此的差異視為優勢。

現在就開始做

我建議你今天就在辦公室或家裡，問所有人一個問題：「我們的目的或使命是什麼？我們達成這個目標的主要策略是什麼？」你可能會訝異的發現，每個人給的答案都不一樣。再者，**若沒能以相同的願景集結所有人，若沒有借助正確原則的力量，一切都會混淆不清。**到最後，你得到的是一個充滿政治算計的文化，而不是奉原則為圭臬的文化。你所吸引的人才看重的不是原則，而是政治手段。

我向你保證，若你以互信、自由與資訊公開的環境，將家人或團隊成員凝聚在一起，所有人就會有相同的基本價值觀，而這個價值觀是以原則為歸依，因此得以深植每個人心中。

請你試著在公司這麼做。你將會發現，你為公司創造出一個共同的價值體系。當然，每個人都會有不同的意見。但只要你展現對彼此的尊重，並尋求統合綜效，這些差異都會迎刃而解，你們也會開始將彼此的差異視為優勢。

應用與建議

- 我們的周遭充滿了令人分心與扭曲的訊息，可能會把我們拉往其他的方向，偏離最重要的人生目標。請你在個人日記中回答這些問題：在你的生活中，扭曲的訊息來自何處？你該如何克服這股拉力，以回歸正確的方向？
- 你的生活或公司可能違背了哪些原則或自然法則？寫下你將如何扭轉情勢。
- 你在未來可以多加倚重哪些原則或自然法則？寫下你將如何妥善運用。
- 今天就在辦公室或家裡問所有人一個問題：「我們的目的或使命是什麼？我們達成這個目標的主要策略是什麼？」寫下你得到的答案。擬訂一個短期計畫，指引你在接下來的幾天可以怎麼做，來實現這個使命與策略。

第 5 章

重新設定你的思維模式

一個人無法在某個領域做對的事，同時在另一個領域做錯的事。人生是無法分割的整體。

—— **甘地**

我們的行為取決於個人對世界的看法。這些信念會形成心靈的牢籠，使人生無法聚焦於原則之上。假如我們認定次要成就比首要成就更重要，就永遠不可能獲得首要成就。本章將幫助你了解，是什麼信念體系禁錮了心靈，使我們無法改變，同時學習如何掙脫心靈的牢籠。

有一天，我從飯店房間的窗戶向外看，欣賞夏威夷光彩奪目的日出景象，我的腦海浮現了卡內基創辦人的一句對句：

有兩個人透過牢房的鐵窗向外望：
其中一人看到一灘爛泥，另外一人看見滿天星斗。

我們的觀點會大大影響自己在當下的處境中看見了什麼。往下看，我們只看到爛泥和鐵欄杆，向上望，我們可能會看見日月星辰綻放的光芒。

我認識不少人，他們覺得被自己的角色與人際關係所困，工作與家庭之間失去平衡，亂了步調。事實上，將他們困住的鐵欄杆通常不是有形的事物，只有極少數的具體阻礙或束縛，能阻擋我們的視線，使我們看不見天上繁星。

那麼問題到底出在哪裡？是什麼把我們困住，只看得見爛泥、而非星星？禁錮心靈的根源有四個：

情感牢籠

根源之一是情感牢籠。當我們令他人失望或不贊同他人的意見時，往往會被關入對方的情感牢籠，同時被對方貼上標籤。我們可能越過某些敏感的界線，傷害、汙辱或冒犯了對方，卻在當下覺得自己理直氣壯，以為對方被如此對待是他應得的。但對方卻不這麼想，認為是自己被冒犯了，於是築起防衛的牆，把我們關進他心中的監牢，並為我們貼上標籤。這些標籤往往是自我實現的預言：「他討厭我；我不信任他；他有偏見；他待人不公平。」人們往往會隨著我們對待他的方式，或是心中對他的認定，成為你預期他會成為的那種人。同樣的，若別人對你產生某些看法，他們就會按照這看法對待你。

每當我在盛怒之下越過敏感界線，我就會傷害到對方。一開始，我基於自尊心作祟，不願意向對方道歉。但對方已經受了傷，於是我們之間的關係開始變得緊張。如果我嘗試修補關係，對他好一點，但不願懺悔或尋求原諒，對方仍會對我有所懷疑。他因為受過傷，於是提高警戒，對我心存防衛，更對我的新行為充滿懷疑。不論我做什麼，都無法改變他對我的看法，因為我已經被關進他心中的牢籠，而這個牢籠是由他加在我身上的種種內在與情感標籤構築而成。

我們看見有些人一下班就趕著開車回家，急於回到所謂的真實生活的懷抱，只因為他們在職場承受太多糟糕的管理與控制，以致於希望盡快逃離令人窒息的工作環境，回到對他們富有意義的家庭裡。

解決方法：付出應付的代價，以求被放出牢籠。唯有承認自己犯的錯，並尋求對方的原諒，我們才能走出牢籠。

吹毛求疵的毛病

根源之二是吹毛求疵的毛病。人們總是習慣性在他人身上挑毛病，用放大鏡檢要改善任何情況，我們首先要處理的是自已的缺失。

視別人的缺點，卻忽略自己的重大缺失，這種情況舉世皆然。我們一方面緊盯著別人的錯誤瞧，另一方面將自己的錯誤合理化或正當化，然後試圖糾正別人的過失，這種做法是行不通的。出發點可能是對的，但方法錯了；我們用傷害、排斥、冒犯與威脅來糾正對方，眼睛卻被遮住了，以致無法看清自己的缺失，這可能導致我們做出錯得離譜的判斷。我們可能把自己的缺點投射在別人身上，並認定那是對方的缺點；或可能把觀察與自省混為一談。假若我們有私心，這私心會以千百種形式，呈現在我們生活的每個面向。

解決方法：糾正別人之前，先自我反省。要改善任何情況，我們首先要處理的是自已的缺失。

這些缺失除去後，我們才能清楚看見真實情況，並幫助其他人。如此一來，我們就能化身為光亮，而非以法官自居。《愛上工作》（*Take This Job and Love It*）的作者傑夫（Dennis Jaffe）建議我們負起責任，放下受害者心態，學習面對問題，要不辭去工作，要不做出必要的改變，讓自己愛上這份工作。

匱乏思維的人生劇本

根源之三是匱乏思維的人生劇本。擁有匱乏心態的人認為，世上的餅有一定的數量，如果你拿走了一塊，我就少拿了一塊。這會導致非贏即輸的思維。如果你贏了，那麼我就輸了，而我不允許這樣的情況發生。

有許多原因會引發匱乏思維：當父母給孩子的是有條件的愛，可能導致我們利用良好的行為，來贏得父母的愛，但這會讓我們欠缺自我價值感。在校園和職場與他人互相比較，可能導致我們發展出凡事愛比較的習性。

家庭、學校、職場、運動，以及社交生活的競爭，會強化匱乏心態，讓我們在下列四方面遭受痛苦：

- 在個人方面，匱乏思惟寫入了我們的人生劇本，深植人心。即使我們沒有覺察，仍會透過這觀點看自己的人生，這會影響我們所看見的一切。
- 在人際關係上，匱乏思維會滲入我們的婚姻，以及所有人際關係之中。遇到擁有凡事愛比較的習性，我們看見的永遠是自己的不足之處。

緊要關頭時，匱乏會促使我們採取贏輸思維，與顧客、供應商和其他人應對。

● 當我們扮演領導人的角色時，往往會拒絕與他人分享權力。我們不想把鑰匙交給其他同事，以為若開始授權給別人，我們握有的權力就會減少。這是一種自我實現的預言。假如擁有凡事愛比較的習性，我們看見的永遠是自己的不足之處。

我想與他人分享獲利或盈餘嗎？

我想與他人分享肯定與賞識嗎？

我想與他人分享知識嗎？

不想，因為知識、地位、肯定與獲利都是權力的一部分。

● 在組織方面，匱乏心態會透過贏輸制度顯現出來。我們是制度的設計者，因此會根據自己看世界的方式，設計架構與制度。組織可能會舉辦全公司的激勵大會，但由於制度設計不良，使得大多數人都是輸家，於是大家就會開始起疑，不再相信。

解決方法：雙贏思維的富足劇本。擁有富足心態的人會從另一個觀點看世界。他們認為世上的餅夠每個人分，而且隨時可以做出更多餅，讓大家分享。這種心態會引發雙贏思維。

而擁有贏輸心態的人，會把一個雙贏制度變成贏輸制度。唯有抱持富足心態與雙贏行事風格的人，才能打破匱乏與贏輸思維的循環。當人們培育出富足心態，就能開始以雙贏思維看待事情，對自己與他人更加尊重，並以無窮的同理心與溫柔方式相待。未達目的不擇手段的組織行為並不存在，這世上只有發乎本心的個人行為。

就和大家一樣，我也必須努力走出匱乏心態，追求富足心態。幫助我達成目標的方法是，培育更高層次的使命，同時把焦點放在「什麼才是正確的事」，而不是「誰的看法才是正確的」。人類確實有能力從匱乏思維轉變為富足思維。甘地成長於膽怯、匱乏、恐懼與互不信任的環境，因受到別人的威脅，因此不想與這些人打交道。然而，當他後來看見自己的人生使命後，就能控制這些負面的感覺，開始帶領追隨他的人群。

把焦點放在「什麼才是正確的事」，而不是「誰的看法才是正確的」。

無法在多重角色之間取得平衡

禁錮心靈的第四個根源是無法在多重角色之間取得平衡。我們為何要花這麼大力氣，試圖在多個或輕或重的人生角色之間取得平衡？答案是，假如我們不依循平衡的原則而活，將會面臨大災難。

大多數人認為，自己的生活就算失衡，也不會有什麼大問題。這樣的人形同活在謊言裡，這個謊言會以千百種形式呈現。

我非常認同甘地說過的一句話：「一個人無法在某個領域做對的事，同時在另一個領域做錯的事。人生是無法分割的整體。」

你不可能一方面忽略家人，每天工作十八個小時，另一方面又期待擁有幸福的家庭生活。你不可能一方面把大量時間花在社交媒體上，另一方面又希望不在健康與生產力方面付出代價。很抱歉，現實世界就是如此。

我們每個人都會遭遇各種拉扯的力量，使人生失去平衡，尤其當我們沒有使命感時。

我們在尋找的世界其實近在眼前。關鍵的問題在於：我們看見的是什麼——爛泥還是星星？

解決方法：第一，坦然接受一段時間的失衡狀態，但從長遠的觀點看待現況。人在一生之中會經歷不同的階段。雖然我們希望在人生的某些時期，生活能更平衡一些，但真正重要的是取得長期的平衡。

若從一個星期、一個月或一年之後的觀點回顧現在，我們可能會發現，現階段的不平衡可能是自然且必要的。

我們若要回到校園進修，取得更好的學歷，就需要花幾年時間努力認真讀書。為了完成工作上的專案，我們在某一段時間就需要專注於這件事上。然而，假如你的一生只專注於一個角色，例如工作或是做學問，那麼其他的領域到後來一定會以失敗收場，包括家庭、友誼、健康。

當現階段需要你犧牲與專注時，避免心生罪惡感，並以長遠的觀點看待短期的失衡。

第二，從事你認為最有意義的工作時，讓別人也參與其中。我見過有些人把所有不要讓團隊的其他成員根據一個不清不楚的願景，做出決定或採取行動。

心力投注在某個很有意義的計畫上，以致於忽略了其他的人和其他的事。比如把家人拋在腦後，不參與社交活動，幾乎不從事休閒活動，甚至是廢寢忘食。

他們所做的事可能是必要的，但假若能讓家人和朋友一同參與，親友們就不再覺得自己完全被冷落了，甚至可能受到啟發與鼓舞。

讓親友分享我們的願景，感受我們的使命。我自己也試著這麼做，所以總是帶著家人一同參與，或是請他們以其他方式幫忙。

第三，讓所有人知道我們期望獲得的成果是什麼。假如旅行團的每個成員想去的地方各不相同，那會怎麼樣？

當你不讓別人知道最終的目標是什麼，或只讓別人得知一部分的資訊，就會發生上述的情況。

不要讓團隊的其他成員根據一個不清不楚的願景，做出決定或採取行動。讓所有人看見，自己是為了一個極具挑戰性且有意義的專案、目標或使命而努力，可將所有人心中的疑慮一掃而空。當人們擁有共同的使命，就會願意放下自我意識。於是所有人一條心，凝聚在一個想法與一個聲音之下，因為他們想完成共同的使命。

第四，組成互補團隊。把更多心思放在領導工作，並減少管理工作。

大多數的企業與家庭面臨的狀況是管理太多、領導太少。當然相反的情況如領導太多、管理太少，也可能存在。

管理與領導都有存在的必要。以我自己的事業為例，我過去在領導面投注大量心力，結果導致財務狀況出現了大問題，一切都是因為我沒有好好管理公司。我們後來組成一個互補團隊，納入財務管理人才。很快的，這個團隊使我的強項變得更有生產力，也使我的弱點形成的阻力變小了。

大多數人都希望，團隊裡的其他人能完全按照我一個人的方法做事，但我們真正需要的是和自己不同的人，像是情感獨立，能夠強化我們的長處、彌補我們的短處的人。

第五，保留一點時間給我們最重視的人與理想。每位領導人為了追求平衡，需要付出很多努力，行程總是排得滿滿的。

以我為例，我有許多演講與活動要參加，以致於難以從事創造性的活動。因此，我把自己的家當作一處保留地，就像動物或森林保護區一樣，我在那裡可以進行創作，或是與家人共度不受打擾的親密時光。我根據自己最重視的價值觀，進行長遠規劃，為此保留特定時間。我會規劃未來兩年的家族活動，並希望家人能盡量配合，把那些日子空出來。

第六，對於生命中重要的人，將他們重視的事物，看得同等重要。我在家時，總是努力把所有時間交給妻子與家人。

我讓家人擬定計畫，參與他們的活動，一起做他們想做的事。舉例來說，我對高爾夫球沒什麼興趣，但我的兒子很喜歡。因此，出於對兒子的關愛，我會陪他們一起打高爾夫球。

在兒女的成長過程中，我發現有時候，他們最需要的只是我在一旁陪伴而已——我一心不二用，單純的在那裡陪著他們。一段時間之後，他們開始與我分享心事。但前提是，我必須向他們證明，我不僅人在，心也在。只要打開你的耳朵和你的心，閉上嘴巴，陪伴他們，孩子自然會向你敞開心胸。

應用與建議

- 在個人日記中回答這些問題：你是否曾感到被困住或囚禁？是什麼原因導致你被關入牢籠，眼睛只看見爛泥、而非星星？使你陷入動彈不得的狀態，或無法前進的原因是什麼？
- 你是否曾被別人貼上不恰當的標籤？這些標籤如何控制了你的行動？不論在職場或私人生活中，你是否曾在別人身上貼上不正確的標籤？請你從今天開始，試著一點一點修正。
- 請以文字回答這些問題：你抱持的是富足思維嗎？你是否真心想與他人分享獲利？你想與他人分享肯定與讚賞嗎？你想與他人分享知識嗎？你在哪些情況下會採取匱乏思維？請你下定決心，找機會與他人分享知識、功勞與肯定，並確實執行。

完成之後，寫下你的感覺。

- 大多數的企業與家庭面臨的狀況是管理太多，領導太少。從現在開始，把更多心思放在領導工作，並減少管理工作。今天就以領導者、而非管理者的身分做一件事，你想先做什麼事呢？

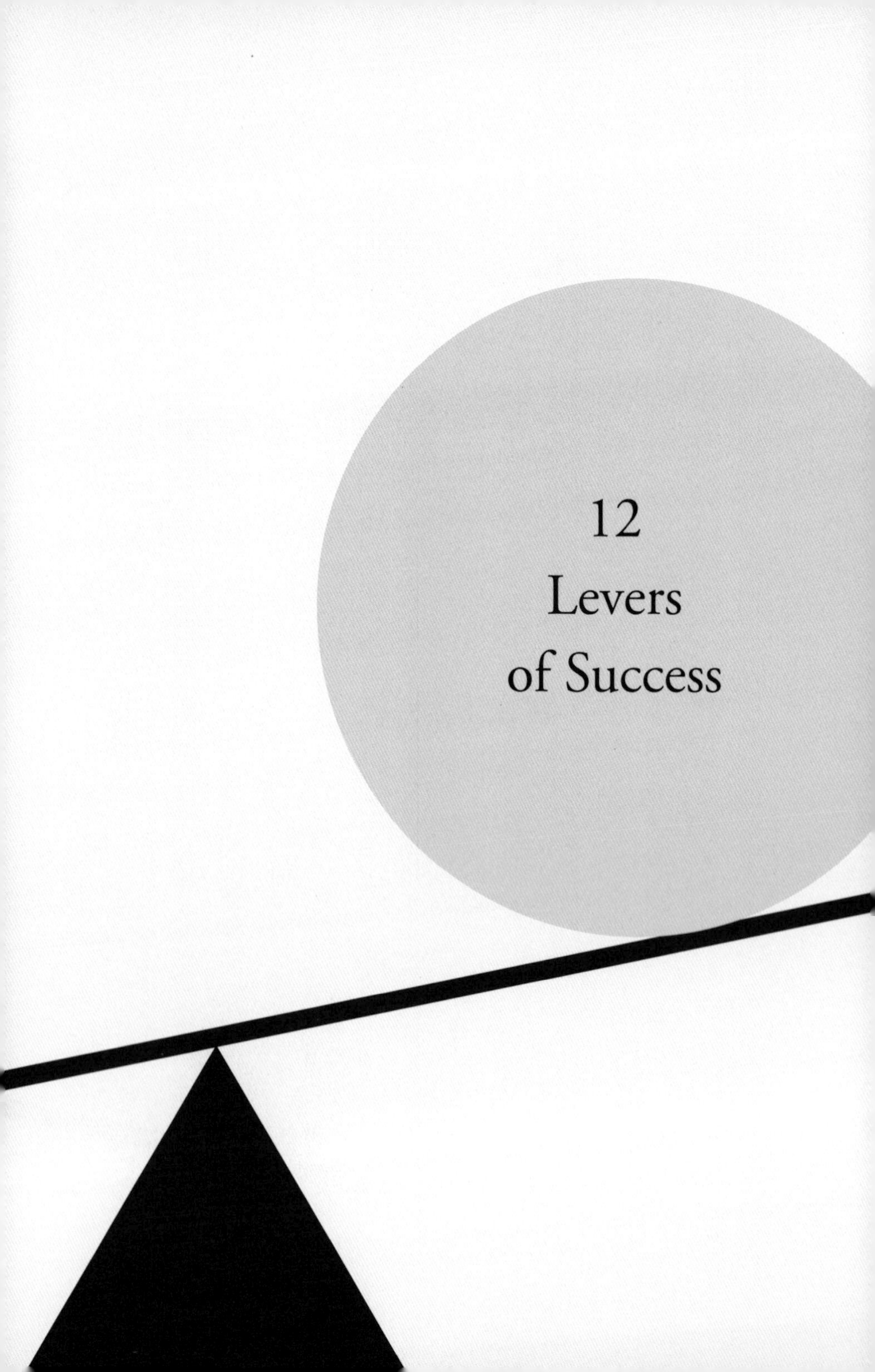

12 Levers of Success

第2部

12 成功槓桿

第6章

成功槓桿1：正直

如果不能站穩自己的立場，無論你做什麼事，都會失敗。
——伊迪（Gordon A. Eadie）

全然的正直是追求首要成就的第一個槓桿。喪失正直品格的人，不論生活還是工作都處於一個似是而非的世界裡。過著虛妄的人生，會對我們的良知以及倚賴我們的人，形成沉重的負荷，唯有全然的正直可為你除去重擔。將全然的正直銘刻在品德裡的人，才能擁有首要成就。本章要探討的正是如何將人生聚焦於全然的正直。

我認為，人們探討倫理議題時，往往從錯誤的觀點切入。許多人誤把倫理和法律混為一談，或是從狹隘的觀點、而非從整體與根本的觀點來檢視。假如我們能從根本來探討正直，自然而然就會從倫理的觀點檢視一切。於是，所有的一切屬於一個完整的整體，我們也不會從不同的框架自行解讀，或是只看見部分。

簡言之，首要成就關乎「如是」（what is）；次要成就關乎「似是」（what seems to be）。

關於人類與正直品德的拉鋸，莎士比亞筆下的哈姆雷特曾說：「人類是多麼了不起的傑作、擁有多麼高貴的理性，以及無窮盡的能力！形體與移動是多麼快速與令人欽佩。行動時多麼像天使、憂慮時多麼像神！」

唯有全然的正直可為你除去重擔。

哈姆雷特為此提出忠告：「說到做到，言行一致。」他也思考著：「假如人類最大的幸福以及所有的心思，都是以吃與睡為主，那麼他是什麼？不過是一頭野獸而已。上天賦予我們長篇大論與瞻前顧後的能力，並不是要我們把這些能力與神一般的思考能力，閒置到發霉。」

哈姆雷特對他的母親（也就是皇后）說：「似是，夫人！非也，如是；我不知道什麼是『似是』。」

喪失正直的人只懂「似是」，在一個似是而非的世界裡生活與工作，擔心別人怎麼看待自己，而不想探討自己是個什麼樣的人，就像演員戴著面具以隱藏自己的祕密行動或維持某個形象。

我在北卡羅萊納工作時，有人給我一件上衣，上面印有代表北卡州的拉丁文格言「Esse quam videri」，意思是「追求真實，不追求似是而非」。

想要追求首要成就的人，都應該以此做為個人座右銘。可惜的是，人們往往把「似是而非」的正直，當成了真正的正直。其間的差異就像「似是」與「如是」一樣天差地別。

正直的兩大特點

那麼我們該如何成為正直的人？

我認為正直是兩個主要人格特質的產物：謙卑與勇氣。

謙卑意指，我們意識到原則終究會主宰一切。一個謙虛的人不會說「我可以掌控一切」或「我可以主宰自己的命運」，這些言論近數十年來經常出現在坊間的成功教戰書籍中，但其實只是社會價值體系的產物，這代表了重要的價值觀並非建立在堅若磐石的原則之上，而是建立在由自我意識或個人意見形成的流沙之上。

一家跨國通訊公司的總裁，曾向我展示他們公司的價值宣言：「我們致力於體現所有值得讚賞的價值觀，這些價值觀可提升個人的價值，以及強化我們的社群。」當我問他，公司的核心價值觀是什麼，他回答：正直、卓越、服務、獲利、體恤、真誠，以及高標準的倫理與道德觀。

我說：「這些企業價值觀一點問題也沒有，都與永恆不變的原則有高度關連。不過，最重要的部分是，你如何把這些價值觀融入日常營運中。」我想教給他的觀謙卑是美德之母，因為所有的美德都源自一顆臣服於現實世界的心。

念，其實所有員工都知道：若要強調公司所重視的法律、倫理與道德標準，最好的方法不是訴諸海報上的文字並貼滿公司每個角落，而是讓所有階層的員工身體力行，透過他們的態度與行動展現出來。

這位謙虛的企業領導人非常了解，言行一致以及確保公司的言論（也就是公司的價值體系）建立在原則之上，是非常重要的事。他知道人類沒有控制權，世上的一切均由自然法則與原則主宰，他也明白謙卑是美德之母，因為所有的美德都源自一顆臣服於現實世界的心。

勇氣是美德之父，因為在面臨考驗時，我們能否堅守美德，取決於個人的勇氣。到頭來，所有價值觀一定得禁得起檢驗。最大的關鍵在於，我們能否透過自己的價值觀、生活與習慣，活出這些原則。「生存還是毀滅」是個大哉問，「似是而非的活著」則不值一提。

換句話說，我們能否真正遵循原則而活？我們或許懷有謙卑之心，但是否擁有足夠的勇氣？我們願意無視力量強大的社會價值觀，或是個人的天生傾向，而奮力逆流而上嗎？人類最大的幸福以及所有的心思，都是以吃與睡為主嗎？我們能善用「無窮盡的能力、令人欽佩的形體，以及神一般的思考能力」嗎？如果我們沒有勇氣根據自己的核心信念行事，就無法辦到。事實上，我們以原則為中心的行動，很可能會被最新流行的社會價值觀所形成的巨浪，一舉擊碎與吞沒。

只要你懷抱謙卑與勇氣，自然就會成為一個正直的人。正直意謂你的人生已整合於原則之下，而且你的安全感來自內心，而非外界，也意謂你得以「在所有人際關係中，展現最高水準的誠實與可信度」。

若欠缺謙卑，或是只有謙卑、但沒有勇氣依照個人信念行事，你就無法擁有正直，只能口是心非、舉止偽善，或是我所謂的個性品格，而非內在品格。欠缺正直品格的人會向你展示他的外在個性，這種個性並非以真正品格的倫理標準為依歸，只是個冒牌貨。擁有偽裝的正直代表你的安全感是外在的；安全感的多寡取決於別人對你的接受程度，以及你勝過別人的程度。

在《與成功有約》的尾聲，我向讀者坦承，我也必須時常鞭策自己，才能做到書中的七個習慣。但這種鞭策是值得的，也帶給我滿滿的成就感，為我的人生帶來意義，以及愛人、服務與不斷嘗試的動力。我每天睜開眼睛，都要面對自己能否依你愈了解自己的本質，就愈能洞悉適用於所有人的真理。

循正直而活的挑戰。

正因為如此，我這輩子一直都在與自己對話。我有時懷疑，自己是否有資格教別人一些連我自己都無法時刻遵守的原則。

在與自己對話的過程中，我領悟到心理學家羅傑斯（Carl Rogers）曾說的一句話：「最個人的東西，往往也是最普遍存在的東西。」我想，大多數人都經歷過如此的內在對話。

當我進行與自己的內在對話，也同時發現我們的私密生活正是激盪出洞見的關鍵戰場。你愈了解自己的本質，就愈能洞悉適用於所有人的真理，這一點十分違反我們的認知。

全球金融危機教了我們一堂課，近年來，許多企業接連得到了教訓。金融業因為違背正直的商業操作而跌了一大跤。許多大型企業因為不懂得謙卑，以及無法看清自己的所作所為可能造成的後果，而落入毀滅的境地。有些企業則因此開始進行深入的反省。

大多數人都是迫於無奈，才學會謙卑。但若能基於自己的選擇主動學習謙卑為何物，會比較理想。

隨著我們培養出愈來愈穩固的內在安全感與正直品格，自然而然就會基於良知，而非因處境或外力所迫，學會謙卑。

假若不進行內在探索，並運用對自己的了解，我們將總是把動機投射到外在世界。擁有狹隘的見識容易誤以為自己看見的是全世界，也可能把投射心態與自省混為一談，而對自己、他人與這個世界產生錯誤的理解。我們必須透過誠實的自省，了解自己。

內在的三個自我

我們每個人都有三個自我：公眾的自我（外在的形象與人格）、私人的自我（私底下與家人好友相處時所展現的真實自己），以及埋藏在內心深處的私密自我（這個內在自我會檢視我們的人生劇本，也就是深植於我們的遺傳基因、生活環境與社會制約的個人動機、傾向與習性）。我們能否擁有正直的品格，取決於藏在深唯有先了解自己，才能對他人發揮影響力。

處的私密自我。

大多數人會透過由外而內的途徑，利用自己的公眾自我來發揮影響力。然而，高效能人士會透過由內而外的途徑，利用私密自我的力量來影響別人。假如你真實展現最內在的自己，人們就會基於你的真誠，開始信任你。

當你愈了解自己，心胸愈開放，你就愈能影響其他人。因為人們會感受到，你願意敞開自己接受他人的影響與意見，於是他們也會開始向你敞開自己。唯有先了解自己，才能對他人發揮影響力。

歷史上的偉人教導我們要「了解自己」、「控制自己」與「奉獻自己」。而我想要強調這個順序的重要性。比方說，假設我聽到別人謠傳，某人在背後說我壞話，還要做出對我不利的事。根據我對自己的了解，我會對自己說：「史蒂芬，在你對此反應過度之前，請記住，你有些多疑，常認為別人要對你不利。不要根據你的猜測解讀別人所說的話。你該做的是先去找這個人，向他當面求證。」

接下來會發生什麼事呢？當我意識到自己多疑的傾向，並向別人求證之後，通常會發現先前的擔憂都是毫無根據的。若我擁有正直的品格，我會對你說：「我很生氣，但我願意以負責任的態度處理，不因情緒化而過度反應。」我根據對自己的了解，為自己的行為負起責任，而不根據未經證實的謠傳攻擊你。因此，當我與你互動時，我願意敞開自己，允許你改變我。

傳奇性的心理學家羅傑斯說，我們內心的平靜被打亂時，就會啟動各種心理防衛機轉，例如否認、理智化、合理化，或是投射。投射指的是，我把自己的動機投射到別人身上。我們根據別人的行為評斷別人，根據自己的意圖評斷自己。

我曾參與在緬因州貝瑟爾地區進行的一項實驗。研究者想了解，受測者在生活中面臨緊要關頭時，會採取哪一種心理防衛機轉。他們界定出四種防衛機轉：理智化、合理化、否認與投射。然後把同類型的人歸為一組，共同進行一項任務。

我的防衛機轉是理智化，因此你可以想像，我們這個小組是由什麼樣的人組成。我們是一群學者，我們之所以選擇這份職業，是因為這份工作很安全。我們可以逃離現實，遁入自己的腦袋與抽象的理論中。研究者要我們共同完成一項任務，但我們的工作卻一直無法有進展，因為我們只會分析。

待在另一個房間的投射組，他們把自己的動機投射到彼此身上，導致他們總是怪罪別人，最後也陷入泥淖，動彈不得。

否認組的人也一籌莫展，因為每個人都說：「哦，不對，我們的任務不是那樣的。他們並不是要我們做那些事。」

這個實驗再次讓我明白，面對難題時，檢視自身的目的與方法是件非常重要的事，也提醒了我，我很容易因為遁入理智化的世界，而逃避人生的責任。你也可能由於其他的防衛機轉，落入一樣的陷阱。

與內在自我進行對話

我們對他人的影響力大小，會與我們的內在與外在整合程度相呼應。我曾親眼見證這種互動關係。

有個朋友曾對我做了一件很過分的事，後來他來向我道歉。我對他說：「你真誠向我道歉的態度，令我非常佩服。你是怎麼辦到的？」他說：「我深刻反省，進行自我對話，直到我對自己有足夠的了解才問：『我要聽誰的話——我的自我意識，還是我的良知？』」朋友接著說：「我決定聽從我的良知。」

這位朋友是個良知導向的人，每當與自我意識天人交戰，最後一定會順從良知。他總是這麼做，聽從良知也因此成了根深蒂固的好習慣。由於他的正直，使得他對周遭的人產生很大的影響力。

許多人會進行內在對話，但欠缺勇氣當眾坦承錯誤，向他人道歉，或是做一些改變。勇氣是正直的功能之一。如果沒能長時間培育正直的品格，就沒有勇氣承認錯誤，並修正自己的方向。

正直的甜美果實

正直可為你的人生帶來許多無庸置疑的好處：

- 第一個果實是**智慧**。如能擁有來自內在的安全感，你會有更好的判斷力，而不會過度反應，也不會陷入二分法，或將災難誇大，過度極端，生活各方面當你的安全感是來自內在，你會對人生產生富足的心境，就不再擔心別人比你得到更多功勞或更成功。

都會比較平衡。擁有智慧的你，會從正確且合理適度的觀點看事情；當態度不再太過激動或太過冷淡，就會像莎翁所寫的一樣，「說到做到，言行一致」。

- 第二個果實是**富足心態**。當你的安全感是來自內在，你就不會一直與外界做比較。於是，你會對人生產生富足的心境。你不再擔心別人比你得到更多功勞或更成功。你將人生視為不斷向外擴張的聚寶盆。如同哈姆雷特所說：「世間事無好壞，全為思想使然。」同樣的道理，如果你搜尋匱乏的線索，你就只會看見匱乏。如果你在四周尋找豐饒的資源（或許是潛藏的），你就能獲得資源。
- 第三個果實是**統合綜效**。假若你的安全感不是取決於別人對你的看法，你就能與他人合作，從雙贏思維想出更好的點子。你帶著找出最好選項的意圖，秉持勇氣與體諒，表達自己的看法，而不是一心為了立功而急著提出最好的點子。
- 個人與組織若保有正直，就能得到的另一個甜美果實，也就是**與所有利害關**

係人建立互信關係。若欠缺貨真價實的正直品格，你必定無法與人建立健全的關係。許多影響企業盈虧的優勢，包括競爭力、彈性、反應速度、品質、附加價值以及顧客服務，需要仰賴互信關係才能存在。基本上，唯有正直的人才值得信賴。

大有問題的企業倫理專案

既然正直與倫理如此重要，為何不論在個人還是企業層面，違背倫理的例子仍層出不窮？

近年來，我們看到大學與組織都極力著重於倫理的訓練。組織紛紛花大錢推動倫理專案，但遺憾的是，一位最近退休的倫理總監說：「有些領導人只關心公司的外在形象與外界觀感。事實上，企業往往是為了因應外界的大聲疾呼或來自內部的要求，才成立倫理專案。倫理總監的功能則是接受員工的告密與求助，因為有些沒有獲得充分權力與資訊的員工，可能找不到解決問題的管道。**當領導人為達目的不**

不能在產品完成後，再要求品質，你必須從品質的觀點檢視自己所做的每件事。

擇手段，員工就學會察顏觀色。他們會留意公司雇用、拔擢與獎勵的是哪些人，以及原因為何。他們會看誰犯了錯卻不需受罰，誰姑息了不恰當的行為。推動倫理專案可能使員工對於性騷擾或性別歧視用語變得更加敏感，但不太能扼止或減緩排山倒海而來的違反倫理行為。事實上，這類專案可能只是讓違反倫理的行為藏得更深，導致員工採取更加迂迴的做法。」

努力尋求符合倫理的形象，基本上是個大有問題的做法，因為這種做法的本質並非謙卑，而是基於面子。所謂的謙卑指的是，認同原則，以原則為依歸，臣服並遵從它。而面子指的是，個人或組織宣稱擁有所謂的倫理或價值觀，但這些倫理或價值觀並沒有與個人或組織的其他部分合而為一。

隨著大學增開倫理相關課程，或是企業增設倫理主管單位，人們開始透過局部觀點，而非全面性的觀點（看每件事的統合性架構）來看事情。

企業的倫理困境與品質困境相似。你不能以為設立一個所謂的品管部門以後，就沒事了。不能在產品完成後，再要求品質；相反的，你必須從一開始就將對品質的要求設計導入製程，從品質的觀點檢視自己所做的每件事。同理，倫理是無法靠檢驗要求出來的。當每個人負起個人責任，遵循倫理操守，你根本不需要擔心這件事，因為倫理已經成為本性的一部分，而不是某個部門要求你做的事。

啟發眾人見賢思齊

領導人一絲不苟的遵守倫理規範，就會啟發其他人見賢思齊。一位大學校長要退休時，學校的董事會長對他的評語是：「有些人透過狡詐的手段達到專業、社會或財富階梯的頂端。有些人的道德操守可能好一些，但在追求飛黃騰達的過程中，仍然忽略了對親人、好友與同事的體恤。能夠兼具榮譽、正直、奉獻與體恤於一身的人，少之又少，你就是其中一人。」

然而，倫理通常沒有被納入組織的日常營運中。組織裡的倫理專員可能會大力宣導相關守則，但實際上的工作主要是在員工行為違反倫理時，亡羊補牢。而員工往往覺得，自己犯的錯只是技術不好被逮到而已。倫理專員只能處理內部舉報以避免法律訴訟，但無法發揮防患未然或將全公司導入正軌的作用。

原則控制了一切，而不是由某些人、專案或政策所掌控。

只要企業對倫理的立場是「公司說一套，員工做一套」，那麼員工就不會覺得自己有責任遵守公司的倫理守則。

如果你在產品研發的過程不操之過急，不急著發表成果，也不將文件視為無意義的形式，那麼你的願景、使命、倫理與價值宣言將會顯得更有價值。當你讓員工參與倫理守則的制訂，並定期與員工檢視執行情況，形同將謙卑與勇氣注入企業文化之中。

當倫理宣言成為一切的中心，就成了組織裡的憲法。於是，「看似符合倫理」的任何事物就不復存在。在以正直為核心的組織裡，倫理不是某個部門管轄的事務。組織成為員工的第二個家。所有人懷抱謙卑之心，因為深知原則控制了一切，而不是由某些人、專案或政策所掌控。人人不僅以不變的原則為信念，更有勇氣遵循原則行事。

應用與建議

- 在個人日記裡回答這些問題：對你而言，擁有全然正直的品格意謂什麼？你可以在生活的哪個面向採取更正直的行為？請試著這麼做。做了之後你有什麼感想？
- 你在生活哪個面向的表現足以成為勇氣的典範？謙卑的典範？在目前的生活中，你享受到了多少正直的果實？試著寫出，在哪個情境下，你覺得自己可以展現更多勇氣？又是在哪個情境下，你覺得自己的表現可以更謙卑一些？然後試著這麼做。

第7章

成功槓桿2：貢獻

看看你的四周，賀蘭老師。教室裡的每個人都受到你的影響，都因為你而成為更優秀的人。我們是你創作出來的交響樂；我們是你的音樂作品中的旋律與音符；我們是你的生命奏出的樂章。

——電影「春風化雨1996」

以服務他人為人生使命與目標，以及樂於做出持續貢獻的人，才能獲得首要成就。

許多人嚮往擁有輕鬆的人生，不對自我做太多要求，也從不自問這個可為人生帶來解脫的問題：「這個世界需要我做些什麼？我能為其他人的生命貢獻什麼？」本章將幫助你深刻思考，你想為這個世界留下些什麼。

全球經濟正經歷巨大變動的時候，有人問我：「對於全球各大企業正在進行的大規模裁員，你有什麼看法？」

我的回答是：「現在只是陣痛期。在邁向全球化經濟與職場新規則的過程中，我們會遇到更多高品質、低成本的競爭對手，這個競爭的激烈程度，遠超出過去所經歷的一切，尤其在亞洲、南美洲、印度、中國與中東國家崛起之後。」

當各地存在於員工與企業之間的心理契約都隨之調整後，許多人進入了責難模式，將自己的問題怪罪於組織、社會或政府。

重新設計自我

然而這些人應該做的不是怪罪他人，而是重新思考自己的目標並重新設計自我，以因應新的環境。我想指出三個方向：

首先，**找到正確的人生方向**。他們必須根據對組織有益的願景，以及以原則為中心的價值體系，定義人生的使命。否則，當強大的外力與排山倒海的趨勢來襲時，就只能被動的抵抗——將自己的問題怪罪於他人，並且喪失掌控自身未來的能力。

其次，**必須願意承擔風險**。他們必須願意冒三種險：

- 在表達上：在與老闆、同事以及其他利害相關人交談時，他們需要同時展現體諒與勇氣。
- 在傾聽上：他們需要懷抱同理心傾聽，以了解組織裡發生了什麼事，即使他們得到的資訊可能會顛覆既有的世界觀。

- 在行動上：他們必須願意承擔風險，發揮創造力、教導他人、離開舒適圈。唯有如此，才能適應新環境，並且透過實驗，判斷更有效的工作方式是否存在。冒險將會是未來領導人的主要特質。每個人都必須為自己開創一番事業，成為一個創業家。他們可能需要游走於組織網絡或巨大的集團式組織之中，以專案為工作主軸，並設法在每個任務中創造附加價值。一輩子只在一家公司工作的心態早已消失，人們必須開始把重心放在完成工作、滿足需求、創造附加價值，並為自己創造的價值留下紀錄。

第三，**必須下定決心走上終身學習之路**。人們必須負起自我提升知識與技能的責任，掌握新科技，廣博的閱讀，覺察主宰大環境的主流力量。除了在科技與科學領域跟上時代潮流之外，他們也可能需朝人文與藝術教育方面再進修，因為藝術的薰陶可提升人類不斷學習的能力。也需要在科技與科學的領域之外，發展出一套內在的價值體系，以獲得內心的自在。

能做到上述三件事的人，將會發現自己的影響力遠超出自己當下的願景，也超越了自己的事業、家庭、小孩與社群。他們將能善盡自己的能力，做出偉大的貢獻。

成為人生藝術家的必要

要將這個世界需要的與你所能給予的順利配對，你需要回答三個問題：這個世界需要什麼？我擅長什麼？我如何善用現有資源，利用我喜歡做的事，滿足世上真正的需求？換句話說，你必須成為一個宛如人生藝術家的傑出領導者與追隨者。

經典電影「春風化雨一九九六」凸顯了成為人生藝術家的必要。劇中主角賀蘭是個充滿抱負的作曲家，他到一所高中擔任音樂代課老師。一開始，他並不喜歡這份工作，認為與他的理想完全沾不上邊。但與學生相處一段時間後，他與學生建立了感情。後來發現，他人生的傑作並非某個偉大的音樂作品，而是對無數年輕學子的人生發揮影響力。那是他對人類靈魂的貢獻。

現代人對靈性生活有強烈的渴求，有部分原因源自於人類近數十年來與藝術漸行漸遠。我曾造訪一所很棒的私立高中，這所學校擁有扎實的科學、科技、工程與數學教育基礎。難得的是，學校重視的不僅是數學與科學，同時也很重視藝術的陶冶，因為他們體認到情緒智商的重要性——這在過去常被低估，現在有必要好好耕耘。

新一代的工作者、經理人，以及領導者，都需要同時具備理性與情緒智力，並聚焦於創造附加價值、持續學習、建立互信關係，以及以不變的原則為中心。藉由教育的文藝復興，創造組織的文藝復興。

我認為一個人是否具有領導力，可從個人領域和公眾領域兩個面向得知。

個人的成功

許多人拒絕改變自己，即使他們知道自己應該這麼做，就這樣錯過了成為領導人的要件之一：贏得個人的成功。

個人的成功指的是戰勝自己。唯有遵循正直與原則的人，才有能力領導他人。

個人的成功指的是戰勝自己。唯有遵循正直與原則的人，才有能力領導他人。

為何有這麼多人無法贏得個人的成功？我認為有四個原因。

- 不想為自己的人生負責，而是把責任推給別人或環境。
- 只有少數人（大約百分之五至十）願意付出時間與代價，定義個人的使命、人生觀或信念。
- 許多人雖然擁有個人願景與使命，卻不願付諸實行，因為這需要冒險與努力，並被迫離開舒適圈，讓他們因此轉而追求次要的目標。
- 他們此刻不具備追求個人成功的思維或技能，而家庭或企業文化中也沒有終身學習的典範，就連個人的成功都有困難了，遑論公眾的成功。

贏得公眾的成功

公眾的成功指的是，讓其他人加入你的行列，和你一起成就共同的願景。為何如此多功成名就的人無法通過這項考驗？我想指出三個原因。

● 雖然他們擁有個人的安全感，與配偶或合夥人之間卻沒有建立共同的安全感。他們想駛出外海，卻把錨拋在港口裡。

● 他們沒有學會授權。許多人知道授權的機制如何運作，卻不願充分授權，只因不想交出控制權，更不想把功勞拱手讓人，也不相信別人能好好把工作完成。我對這樣的人深表同情；當我自己的公司要擴大規模時，我也經過一番掙扎，才向大家揭露某些資訊。

● 他們沒有設法讓所有人共同創造一個互相支持的環境，也沒能建立一個有利於實現願景的文化；相反的，他們只是坐在那裡，把責任推給公司的主管與其他人，情況反而變得更糟了。

就許多方面而言，賀蘭老師是個創業家。他慢慢學會讓其他人加入，建立一個互相支持的團隊。在關鍵時刻，他的追隨者與支持者成為他的靠山，讓一個遊行活動與表演節目順利進行。

如果你想要實現自己的理想，就必須重新設計自我，並贏得個人與公眾的成功，最後形成共同的使命感。

退休或重生？

我曾與一家公司合作，這家公司的狀況不錯，但需要盡快進行內部徹底改造，以迎接未來的挑戰。這家公司的領導人當時六十三歲，他計畫在六十五歲退休。當他投入精力規劃整個改造計畫後，他發現這是個大工程，無法在兩年內順利完成。他開始思考，自己是否要啟動這個計畫，反正公司現在的狀況還很好，他只是未雨綢繆而已。

他的內心必須經過一番掙扎，自問：「明知自己再過兩年就要退休了，我還有決心與精力做這件事嗎？」

往好處想，他覺得這個計畫會對公司的文化產生影響，還能讓公司在下個世紀立足於成長的有利位置。往壞處看，他知道這個計畫會為公司帶來新的問題與風險。因此，他必須面對一個永遠懸在心頭的問題：「這個改變真的會成功嗎？它對公司的文化會產生什麼影響？」

與他談過之後，我知道他的心中有許多掙扎：「我該往這個方向前進嗎？雖然我明知這是我們需要走的方向，而且需要投入極大的決心與精力。抑或是我該採取保守路線？儘管我知道我的接班人未來將必須面對所有的難題。」

我問他：「當你退休時，你希望留下什麼？」

他說：「我不知道。我從來沒有真正想過這個問題。」

我對他說：「你有兩個選項可以考慮。一個是你跳下去進行組織改造；另一個是維持現狀，光榮退休，不做任何有必要做且可造福後人的事。」

他考慮了一個晚上。我隔天來訪時，他對我說：「從來沒有人問過我想留給後世什麼。如此振聾發聵的問題，我愈往內心深處探索，就愈明白，我其實不想為這個重大的計畫付出代價，事實上，我暗自希望我可以光榮退休，而且接班人的表現比不上我。我希望自己的任期成為公司發展史上的最高峰。但我愈這麼想，就愈發意識到我的動機是錯的。我應該為公司做這件事，讓公司在我退休後有更好的發展。」

你要探究你的心，勝過探究一切，因為一生的果效是由心發出。

他知道若要進行組織再造，就必須做出極大的承諾。「我當然希望過上兩年舒服的日子，然後在告別演說時對自己歌功頌德。」他對我說：「但事實上，我必須面對這輩子最大的掙扎。不過，我已經得到了結論：如果我不努力為後世留下一些恆久的功績，我將無法面對我自己。」

探究你的內心

這位執行長對我訴說內心的掙扎時，我想到了《聖經》的詩篇：「你要探究你的心，勝過探究一切，因為一生的果效是由心發出。」

這就是他所做的事。他拋開了執著，選擇做出貢獻。在探究內心的過程中，他回歸謙卑，也清醒過來。

在自省的過程中，他對自己與他人展現無比誠懇與真實的一面。最後，他勇敢做出結論：「我願意付出代價。我知道這個決定將會使未來的兩年職業生涯更有挑戰性，但同時也更加豐富。」

我希望你探究自己的內心，問自己這個問題：我將留下什麼給後人？我對世間的貢獻是什麼？

這種內在探究通常會使你想要改變、重新設計與再造自我，因為你意識到自己必須為了優質成長而盡一己之力。

但同時你會面臨巨大的阻力。事實上，一旦你決定要啟動重大的改變，許多極具說服力、告訴你不需要這麼做的理由就會浮現腦海。

以下是一些可能的藉口。

- 你必須面對的議題具有政治敏感性。許多政治人物都懂得要避開形同自掘墳墓的的敏感議題，你為何不向他們看齊？
- 你面對的是長期性的大問題，並沒有急迫性。何不先暫時擱置，以後再處理？
- 得不到立竿見影的好處。為何要處理得不到立即好處的難題？只要用對方法，你可以馬上得到所有的金蛋，即使你可能因此危害了會誕下金蛋的母鵝若你決定不去積極處理眼前的難題，會有個問題，那就是你內心深知「我沒有真正努力過」。

性命。

● 改革若行不通，大不了把失敗的責任推給其他的人與因素就好。接班人就是現成的代罪羔羊。

● 你為了擁有今天的地位，付出了極大的代價，何不讓別人去做就好？你現在有資格好好輕鬆一下。

若你屈服於以上藉口，決定不去積極處理眼前的難題，會有個問題，那就是你內心深知「我沒有真正努力過」，而這個認知會是你一輩子的肉中刺。

你想留下什麼給後世？

接受巨大的挑戰可為你免除拒絕許多小事的麻煩。當你迎戰某個艱巨的任務，就可以輕鬆擺脫許多瑣事的糾纏。除非我們接下某個重大的責任，例如完成一項使命、追尋某個真理、達成一個目標、留下特殊貢獻給後世，否則，我們往往把時間花在先應付生活或工作中相對較不重要的事情。

根據我的經驗，關鍵在於問自己一個最尖銳的問題：你想留下什麼給後世？然後真心反思。

在深思與內省的過程中，與你想做出的貢獻有關的人，或許會開始加入你的行列。

當你下定決心要解決難題，並著手進行重大的改革計畫（不論是私下進行的個人計畫，或是公開進行的組織層級計畫），你需要堅持到底的毅力，得開始處理與解決多年來一直困擾著你或組織的問題。自此，你才終於開始有條有理的面對自己必須做的事。

你這一生想做的任何事，都可能是向內心深處探究的重要課題。基本上，就是個人的成功激發的公眾成功。

因此，我想再問一次：「你想留下什麼給後世？」

應用與建議

- 要成為宛如人生藝術家的傑出領導者與追隨者，請回答這些問題：這個世界需要你做些什麼？你擅長什麼？你如何善用現有資源，利用你喜歡做的事，滿足世上真正的需求？找出一個包含這三個元素的目標：需求、你的才能，以及你的現況。
- 在個人日記中回答這些問題：在你的生命與職業生涯中，想留下什麼給後世？當離開現在的工作崗位後，你希望別人對你有什麼評價？你希望十年後，家人與朋友對你有什麼評價？

第8章

成功槓桿3：優先目標

重點不在於為行程上的事項排定優先順序，而在於為你的優先目標排出時間表。

——柯維

將焦點從次要成就移轉到首要成就，意謂著原本在日常生活中被我們視為優先的事物，要擺在最後。有些事顯然比其他事更重要，甚至重要多了，如人生、健康、家庭，相形之下，其他的事就顯得微不足道。如果你的生活充斥著「致命分心物」，像是工作上的瑣事、賭博，以及過多休閒娛樂，你就需要起用成功槓桿，專注在真正的優先目標上。本章主旨在於幫助你分辨，首要與次要事項的區別，並確保首要事項保有優先地位。

什麼是最重要的事？

我的女兒珍妮正在籌備婚禮時，我去探望她，原本以為會看到一個快樂的準新娘，結果卻發現她心情沮喪。

她對我說：「我還有許多重要的計畫和事情要處理。但是現在我必須暫時擱置所有的事。我所有的時間都用來籌備婚禮，甚至抽不出時間和我未婚夫見面。」

為了表示我了解她的狀況，我對她說：「這麼說，這個婚禮占用了妳所有的時間和心力？」

她繼續說：「我還有其他的事要做，還有其他的人和計畫要照顧。」

我問她：「妳的良知怎麼說？或許就現在而言，妳的婚禮是最重要的事。」

她把她的待辦事項清單拿給我看。「我已經排好時間要做這些事，但婚禮的事總是令我分心。」

我告訴她：「妳正在做目前對妳來說最重要的事。所以請妳暫時把其他的計畫忘了吧。放輕鬆，好好享受妳的人生大事。」

「可是，我要怎麼讓生活保持平衡？」她問我，因為我曾教導她這個原則。

「妳的生活會暫時失去平衡一段時間，本來就該如此。長期來說，妳應該保持生活的平衡。但就目前而言，妳連時間表都不必做。只要讓自己開開心心的，和大家分享妳的喜悅。要是現在犧牲了最重要也最美好的事，就算妳完成規劃中的每件事，妳也不會開心。或許在這一整個月當中，妳唯一的角色就是當個準新娘。只要好好扮演這個角色，妳就會心滿意足了。」

高效率不等於高成效

什麼是你人生中的要事？有個好方法可以幫助你回答這個問題，你可以問其他人：「我有什麼獨特之處？我獨有的天賦是什麼？什麼是只有我能做、別人無法代勞的事？」例如，誰能代替你當你孩子的父親？你孫兒的祖父？誰能替你教你的學生？誰能替你帶領公司？誰能代替你，和你先生結婚？

你在人生中必須做的重要的事，取決於個人獨特的天賦與能力。遺憾的是我們往往無法做出獨特貢獻，因為總是被其他緊急事件給耽擱了，使得真正重要的工作始終無法開始或完成。

我與梅瑞爾夫婦（Roger and Rebecca Merrill）合著的《與時間有約》建議人們，必須透過取得平衡的過程，才能發揮個人效能。我們先請人們仔細思考：「在我的人生中有什麼責任？我最關心的人是誰？」然後根據這些問題的答案，思考你的角色。然後再問自己：「我所有的人際關係或責任，未來應該發展成什麼狀態？」之後根據答案設定你的目標。

效率與成效是不同的兩回事。成效描述的是結果；效率描述的是過程。

與他人建立雙贏協議並維持互信關係，並不是最有效率的做法；事實上，這個流程通常進展得很慢。然而互信關係一旦建立，後續的工作進展會比較快。相反的，如果你一開始很有效率，事實上，你採取的很可能是最慢的方式。你沒看錯，把你的決定硬塞給別人看似很有效率，但對方是否願意遵從並執行，又是另一回事了。當事情牽涉到人，急事要緩辦，欲速則不達。

管理學大師杜拉克認為，「高品質的決定」與「有成效的決定」，是截然不同的兩回事。你可能做出了一個高品質的決定，但如果你沒有下定決心執行，就不會有成效。你必須下定決心，高品質的決定才會展現成效。你有可能處理事情時很有效率，但處理與人有關的問題時，變得非常沒有效率。

效率與成效是不同的兩回事。成效描述的是結果；效率描述的是過程。有些人可以有效爬上成功的梯子，但如果這梯子靠在一面不穩固的牆上，他的行動就不會產生成效。你的效率有可能發揮在錯誤的目標上。

你可以在處理事情時展現效率，例如發揮調動資金與物資的長才，妥善管理資源與現金流量，或任意挪動辦公室裡的家具。但假如你想要以效率處理與人有關的重要議題，最後很可能得不到任何成效。

我們不能用處理事情的方式與人相處。處理事情的重點在於效率，對人互動的重點在於成效。你是否曾試著以效率處理與親朋好友有關的難題？結果怎麼樣？

假如你想速戰速決的處理人的事，你的進展將會很慢，因為你會聽不見人家真正想告訴你的事，也不會明白他人眼中的勝利指的是什麼。如果你不疾不徐的深入雙贏思維，你將會發現，就長遠來說，設法讓彼此共同決定採取對的解決方法，並承諾付諸實踐，才能比較快達到目的。

成效取向的做法不僅適用於他人，也適用於你自己。你也不該對自己的人生採用效率取向。

有天早上，我與幾個人碰面，幫助他們擬訂個人使命宣言，其中有一個人說：「要寫出個人使命宣言很難。」我回說：「你採取的是效率取向，還是成效取向？如果你採用效率取向，你很可能會試圖在這個週末之內把它寫出來。但如果你採用成效取向，你會一直進行內在對話，直到你覺得自己找到了答案。」

從時鐘思維轉換成羅盤思維，把焦點從時間表轉換成優先順序。

丟掉時鐘，拿起羅盤

許多人把人生比喻為時鐘。我們看重時鐘，是考量到速度與效率。時鐘有它的功用，效率也有它的作用，但唯有當你先達到成效，這些作用才是優點。成效的象徵物是羅盤，因為它為我們指引了方向——目的、願景、觀點與平衡。你的良知就和羅盤一樣，在你人生的每個時刻發揮內在監督者與導航系統的作用。

要從時鐘思維轉換成羅盤思維，你要把焦點從時間表轉換成優先順序。時鐘可以告訴你會議幾點召開，但不能告訴你這個會議值不值得參加。如果這個會議會使你偏離應該走的路，你還要參加嗎？在任何時刻，你都要非常清楚自己應該追求的優先目標是什麼，才能永遠保持在正確的軌道上。

人比事更重要

為何人們覺得和別人約時間、排行程比較容易，而兌現與自己的約定比較困難？假若你能向他人做出承諾並予以兌現，將可提升你的自律能力，並嚴格要求自己兌現你對自身做出的承諾。假若你能向自己做出承諾並予以兌現，將可大幅強化你的正直品格。

當然，當你做不到的時候，也不必反應過度。但有一點希望你明白，要想培育正直的品格，兌現對自己做出的承諾，是極有幫助的一種做法。

我曾目睹我兒子指責他妹妹，因為妹妹幫他整理了房間。事情是這樣的：我兒子為了完成某個計畫，把東西以特定方式擺放在房間各處，但他妹妹誤以為房間很亂，所以想幫哥哥整理。當他正在嚴厲責備妹妹時，突然意識到自己的行為，於是向妹妹說：「我向妳道歉，我只是把氣出在妳身上，我知道妳是一片好意。」他在情緒最激動的時候，當場向妹妹道歉。

當你明白人比事更重要，人的關係比時間表更要緊，你就能把時間表拋到一旁，而且沒有絲毫罪惡感，因為你把良知以及更崇高的願景與價值觀擺第一。如果你要完成的計畫真的有那個價值，那麼你的崇高目標自然就會凌駕於小心眼的計較與次要的事情之上。

真正的領導者會對重要的事做出反應，但不一定會對緊急的事做出反應。

向你推薦這句時間管理格言：我不受制於時鐘的效率，只接受良知這個羅盤的主宰。

你在每一天、每個時刻都決定去做當下該做的事，並藉由這種方式在職場建立可信度。家人需要你的時候，你會出現在他們身邊。如果你正處於最有生產力或創造力的階段，你不會讓任何事打擾你的工作。你能想像一個外科醫師，在動手術的過程中接聽電話嗎？

我們大多數人的生活，被響個不停的簡訊與電話鈴聲所象徵的緊急事件占滿了。大部分的工作要求我們快速採取行動，而這些行動往往既緊急又重要。但請千萬不要把緊急與重要混為一談。真正的領導者會對重要的事做出反應，但不一定會對緊急的事做出反應。由反射性、緊急性反應主導的生活方式，只會導致壓力與過勞。

有一個方法可以讓你聚焦於重要的事：先規劃一週的計畫，再規劃每天的計畫。一週計畫會使你轉換至比較長遠的觀點，循著使命、角色與目標的脈絡，採取行動。

擁有熱切想達成的目標

任何人能成就的最高境界，就是發揮個人的創造力，成就只有我們才能做出的貢獻。然而，有太多人為了一些毫無重要性與成就感的事，放棄了創造性的貢獻。

我經常說：「你必須決定，對你而言最重要的事是什麼，然後愉快的、毫無愧疚的帶著微笑與勇氣，拒絕其他的事。要做到這件事，你必須心中有個熱切想追求的目標。『好』往往是『最好』的敵人。」

我曾與不少企業高階主管和其他人合作，他們的任務是從事創造性與創新的工作。我發現他們達成目標的能力，通常取決於一個很實際的問題：「我要如何擠出時間、找到資源從事這類工作？」許多創造力訓練與創新投資最後付諸東流，原因在於大多數人不知如何找出時間或善用時間進行創造性工作。

因此，他們喪失了創造性的自由，也就是達成最好的成果與做出最崇高貢獻的自由。有的人可能享有極大的行動自由，在現實世界中擁有許多選項與驚人的行動力，卻欠缺內在的自由，無法運用個人的內在力量與紀律，做出明智的選擇。久而久之，他們成了自己口中「時間的受害者」，並開始將自己欠缺生產力的事實，歸咎於時間不夠用。生活的處境與條件成了驅動他們的主要力量。當別人沒有幫他們度過難關，當情況因為沒有防患於未然或沒有留心照顧而失控，他們就會責怪別人並說：「我的痛苦都是他們造成的。」

當你的精力被耗盡，腦袋被迫切、緊急的事情占據，處於防衛的狀態，你就無法發揮創造力。

六個原則，保有你的創造性自由

那麼你要如何保有自己的創造性自由？以下是六個原則與方法。

原則1：適時說「不」，不要理會緊急但不重要的事。我發現，如果我們不去理會緊急但不重要的事，轉而關注重要但不緊急的事，就能脫離我們長久以來總是在救火的狀態，同時能夠從事更多創造性的工作。管理的本質是忙碌；領導的本質是創造力。

「好」往往是「最好」的敵人。

戴明獎是全世界最受推崇的品質獎之一，有人曾對獲頒戴明獎的企業進行研究，發現這些企業最重要的優先要務是追求經濟效益，而非時間效益。

這些企業的做法有何不同？在獲得戴明獎的企業裡，高階主管至少把六成的時間花在真正的優先要務上：重要但不一定緊急的事，例如做好準備、防患未然、建立使命、規劃、建立關係、創造、再創造，以及授權。

在其他的企業，主管把五到六成的時間用來處理緊急但不重要的事，這與他們應該做的事恰好相反。

卓越的企業會把焦點放在最要緊的事，也就是最重要、但不一定緊急的事。他們不會把重要定義為緊急。急事需要我們立即處理，於是往往將之視為要務。哲學家暨教育家韓梅爾（Charles E. Hummel）說：「急事總是令人難以抗拒，卻會耗盡精力。若從長遠來看，急事在一時之間獲得的重要性就會消退。我們在失落之餘，會想起被拋在一旁的要務，並意識到自己成為了急事這名暴君的奴隸。」

許多人對我說：「你不了解我的處境，我有太多事情要處理了。」事實上，當這些人明白，自己不去理會緊急但不重要的事情其實也不會怎麼樣之後，應該會大管理的本質是忙碌；領導的本質是創造力。

大鬆了一口氣。

原則2：隨時把熱切想達成的目標放在心上。當你心中有件熱切想做的事，就比較容易放下緊急但不重要的事。當你滿心想著可帶來更大滿足的創造性工作，就可以不帶罪惡感的輕易拒絕比較不重要的事。你可以帶著禮貌的微笑，毫不羞愧的拒絕別人的要求。

重要的是，學習如何區分重要與不重要的事。要做出這種判斷，你必須先建立一套堅定的準則，知道自己的時間該如何利用，往後就可以毫不遲疑的說：「等一下，即使這件事迫切而緊急，我也不想花時間處理，因為它不夠重要。」我必須說，這個原則讓我的人生從此不同！

原則3：努力讓老闆對你的創造力產生信心。若你說：「我沒有發揮創造力的自由。」那麼這就是你需要發揮創造力來面對的挑戰。設法與你的老闆以及能影響你老闆的人，建立良好的關係，以獲取這種自由。

經常有人問我：「假如你認為某件事不太重要，但老闆卻認為這非常重要，那該怎麼辦？」我的回答是：另一個人對你的重要性，或是你們共同的目標對你的重要性，會決定你是否重視這個人所重視的事。因此，即使你認為某個活動不是那麼重要，也不值得你關注，但如果你很重視你和這個人的關係或是共同努力的目標，那麼這件事對你而言一定很重要。

你可能會說：「但我老闆不會支持我。」那麼這就是你發揮創造力，讓老闆對你產生信心的時候。假以時日，你的老闆就會允許你從事更多創造性的工作，因為他看見了你努力的成果，你自然就會有更多自由，發揮自己的創造力。

原則4：在創造性勇氣與體諒他人之間取得平衡。即使你在政治圈工作，只要你勇於展現個人信念，你所獲得的自由就會比原先預想的還要多。歌德說得非常好：「勇氣擁有才思與魔力。」只要有勇氣相助，你通常可以度過難關。若不勇於面對其他人，你的下場不是無法引起別人的注意，就是沒人感受到你的強大動力與決心，也就不會對你有任何特別的期待了。

你必須積極採取主動攻勢。此外，我將成熟定義為「在勇氣與體諒之間取得平衡」。這個定義同樣適用於創造力。當你同時兼具勇氣與體諒，你就能發揮創造力。美國心理學家馬斯洛在《動機與個性》（*Motivation and Personality*）一書中提到，自設法與你的老闆以及能影響老闆的人，建立良好的關係，以獲取發揮個人創造力的自由。

我實現的人會同時發揮勇氣與創造力。

原則5：同時以非常獨立與極度互賴的模式運作。《與成功有約》的核心觀念是「持續成熟模式」（Maturity Continuum），這是一個從依賴到獨立到互賴的發展過程。這個持續模式同樣適用於創造力。停留在獨立階段的創意型人才，通常很早就會出現枯竭的狀況。他們就像是流星，沒有為自己建立一個互賴團隊，導致自己欠缺持久性。

我發現當我們從事極具創造性的工作，若欠缺互賴的思維與技能，將難以度過市場力量的考驗。

若沒有支援、補給、統合綜效，我們的優點會成為失敗的原因；我們的缺點會被凸顯出來，因為缺乏其他人的優點來補強。

為自己建立一個團隊，讓其他人彌補你的缺點，使你能充分發揮長才。杜拉克曾說：「集結眾人長處，透過組織讓缺點變得微不足道。」

原則6：跳脫框架，戴上不同的思考帽，採取平行思考。你可能需要遵循思考大師狄波諾在經典著作《六頂思考帽》中的建議：「整理你的思維，一次只採用一種思考模式，而非試著同時進行所有的事。」試著採取創造性思維，而非批判性思維。採用邏輯思維，而非樂觀思維，諸如此類。他提出的平行思考概念是，跳脫慣常的思考模式，採取新的模式，以激發新點子並逃離概念的牢籠。因籌劃極為成功的洛杉磯奧運而聲名大噪的尤伯羅斯（Peter Ueberroth）曾說，他透過平行思考，將奧運從沒有任何城市想要承辦的活動，轉變成各大城市競相爭取的活動。

化解一個問題，以一週為單位

當你回顧自己的人生時可能會意識到，最要緊的事往往受最不要緊的事情宰制，「好」往往是「最好」的敵人，你受到急事這個暴君的脅迫，以及你沒有太多的創造性自由。

我建議你啟動一個成長與前進的循環：以一週為一個週期，聚焦於創造性活動，例如反省、計畫、下決心、準備、防患未然，以及增進關係。

我的兒子約書亞在高中時，擔任學校的美式足球隊四分衛。在引導他的過程採取創造性思維，而非批判性思維。採用邏輯思維，而非樂觀思維。

中，我再次明白擁有創造導向、而非解決問題導向的態度是多麼重要。當你解決問題時，你會試圖除掉某個東西。當你處於創造模式，你會試圖注入某個東西。你仍然必須解決問題，但你會透過另一種思考架構、另一種觀點，在一個更大的脈絡中化解問題。

我告訴兒子：「比賽開始之前，假如你在心中創造一個勝利的意象，然後集中所有的積極能量讓這件事發生，不為自己可能遇到的問題而擔心，那麼你就處於有利的位置，可創造正向的結果。」他上場的表現證明他確實明白了這個道理。例如，假若比賽當天的天氣不佳，他會設法讓天氣狀況變成對他有利的因素。事實上，他學會帶著「自己的天氣」上場，促成好的結果發生，最後帶領球隊贏得了州冠軍。

採取創造力導向心態，才能真正解決問題

既然創造力導向心態如此重要，我們為何教育人們（尤其是大學的管理學院）

採用解決問題導向模式？我認為過分強調如何排除問題，是管理學教育課程的一大缺陷。而我們仍一直採用這種模式，是因為創造力難以衡量，啟動創造力會打開潘朵拉的盒子，因此被排除在嚴肅的學術課程範疇之外。

如果受過的教育不把人們朝創造力的方向引導，我們又該如何獲得呢？或是如何從童年時期的自己重新找回創造力？我想我們該做的是，運用創造性的想像力。愛因斯坦說，想像力的力量比知識的力量更大。他宣稱自己的傑出科學洞見，皆來自他的想像力。

對於管理與領導力普遍的最佳看法是：**人們想要也需要感覺到，自己的人生與工作是有意義的。**舉例來說，若你的人際關係出現問題，你要做的不是設法解決問題，而是與對方碰面，一同找出你們能夠共同努力達成的願景或目標。看看甘地的例子，他一生都活在自卑的陰影下，他不善社交，心中充滿恐懼。然而，當他找到與不公不義對抗的使命感和願景後，所有的缺點就不再影響他。他也開始運用自己所有的優點，試圖實現一個更崇高的目標。最後，他成為一位極富創造力的人，擁有巨大的權威、力量與影響力，即使他一輩子不曾擁有任何官方職位。

想像力的力量比知識的力量更大。

曾經擔任迪士尼公司執行長的艾斯納曾說，許多企業無法進步的主因是不知道如何管理創造導向以及運用想像力工作的人。我想，這是因為那些企業把管理定義為控制，而你無法控制有創造力的腦袋。你只能邀請人們接受一個共同的願景與目標，然後讓他們自己管理自己。

奇異公司的傳奇性執行長威爾許曾說，他的工作主要是釋放員工的創造能量。他花了很長時間，並經歷了不少困難，才學會這門課。

每當我採取解決問題的心態，就會開始擔心東擔心西，感受到焦慮與壓力來襲，同時開始以只分析事情的方式思考。在這種思維中，我會看不見自己最重要的目標，更令人沮喪的是，問題鮮少因此消失。

然而當我採取創造力導向心態，與我重視的人分享共同的目標，我發現問題似乎會自動消失。

應用與建議

● 此刻主宰你的人生，以及你熱切想達成的目標是什麼？可能是一個攸關生死的計畫，需要你關注的關係，或是你的個人目標。要實現這個目標，你需要向哪些事說「不」？寫下你打算如何拒絕這些事，然後加以實踐。

● 我們不能用處理事情的方式與人相處。在個人日記裡寫下：是否有人曾用處理事情的方式對待你？你當時有什麼感覺？你會如何描述你與對方的關係？你是否曾以處理事情的方式對待別人？這對你們的關係產生了什麼影響？

● 重要但不緊急的活動很容易會被排除在每日計畫之外，因為一天的範疇太小，難以容納規模龐大的工作。相形之下，每週計畫可帶給你較長遠的觀點，使你比較容易在個人使命、角色與目標的脈絡中行動。若你不曾這麼做，請你在下個星期的開端，規劃你打算如何達成對你而言最重要的目標，然後把其他的事一一擺在該有的位置和次序上。

第 9 章

成功槓桿4：犧牲奉獻

牧師與利未人常問自己的問題是：「如果我不再幫助這個人，我會怎麼樣？」但是……好撒瑪利亞人會將這個問題改為：「如果我不停止幫助這個人，他會怎麼樣？」

——**小馬丁路德・金恩博士**

追求首要成就仰賴的是統合綜效，也就是每個人願意貢獻最好的點子，而且沒有人想爭功勞。首要成就取決於一個原則——團體作戰比單打獨鬥好，沒有人什麼都會，沒有人能只靠自己的力量就做出有價值的貢獻。有太多人基於自私的個人動機，而不願犧牲一點自尊或企圖心，為全體的福祉服務。然而，這是一條更加平坦的道路，而且每個人都可從中獲得更多益處。

我從人生中學到，除非懷有犧牲奉獻的心，否則人與人之間的連結就不會存在，包括老師與學生、供應商與顧客、父母與孩子等重要關係。我必須願意犧牲自我，並說：「我願意向你敞開自己，傾聽你想說的話，然後看看我們能一起創造什麼對彼此都有益的東西。」你必須做出某種個人犧牲，才能做到這件事。

犧牲意謂敬畏。你無法與某個實體（家庭、團隊、公司）連結，你只能與人連結。當某人透過自我犧牲，對原本被忽略的東西展現敬畏之心，連結就會產生。當我們以更多愛、善意、禮貌、謙遜、耐心與原諒對待別人，就會促成別人以同樣的方式回報我們。我舉個例子，一位副總裁與公司的總裁一同到埃及出差，他們風塵僕僕度過疲累的一天。當他次日清晨醒來時，發現總裁出於一種為善不欲人知的善懷有犧牲奉獻的心，人與人之間的連結才會存在。

意，悄悄替他把鞋子擦乾淨了。

在平凡的日常活動中悄悄服務他人，會連結人們的靈魂，並喚醒人際關係中投桃報李的動力。在接下來的旅程中，若總裁要求副總裁做任何事，你覺得這位副總裁會拒絕嗎？對於別人的需求，懂得付出愛、犧牲、服務、關懷、教導與照料，才是一個成功的主管。

犧牲可使人與人之間產生無與倫比的連結。如果我放下自我以迎合你的需求，你就會開始覺得：「我也要放下自我來迎合你的需求。」然後我們會問：「我們能做些什麼，為彼此提供幫助與服務？」

對我而言，婚姻與家庭關係的連結，本質就是犧牲。舉例來說，有一天晚上我回到家時，發現我女兒珍妮有許多報告要交，同時要應付期末考，卻還要辦派對。我太太珊卓拉為了幫忙珍妮，那天晚上熬夜到半夜兩點。這是孩子們和珊卓拉如此親近的原因，因為她把晚上的時間都給了孩子。她犧牲睡眠，陪孩子熬夜，隔天還要一大早為孩子準備早餐。孩子知道他們可以倚賴媽媽。

這個原則同樣適用於任何關係，甚至是商業界。形成夥伴關係是創造首要成就的關鍵。除非大家願意一同合作，不為自己的點子居功或願意犧牲形象，否則將難以迎合市場中不斷成長的需求。

過去的犧牲模式無法迎合未來需求，我們需要透過夥伴關係做到進一步授權。

- 我們需要與通路的上下游合作，包括供應商、經銷商與顧客，與所有利害關係人建立堅實的夥伴關係。
- 我們需要在公司內部進行跨功能合作，但因組織架構與制度造成的壁壘分明，助長了內部競爭與比較，導致很少人這麼做。
- 我們需要讓不同的業務線一同合作，當我們不只跨越功能，還跨越業務線進行溝通，將能創造統合綜效。

我們需要與現存和潛在的競爭對手合作，提高業界標準，以提升大眾觀感。房地產的聯賣資源網與航空業的訂位系統，是競爭者互相合作共同服務顧客的最佳範例。其他的產業也必須學習如何合作。如果不把餅做大，只是互搶餅吃，每個人都會成為輸家。

除非大家願意一同合作，不為自己的點子居功或願意犧牲形象，否則將難以迎合市場中不斷成長的需求。

我們需要透過新的思維與技能建立互賴關係，才能形成這種夥伴關係。很少人受過互賴的訓練，因為幾乎所有的訓練都聚焦於脫離他人學習獨立。然而，要讓只具備獨立思維與技能的人，彼此成為互賴的夥伴，就像是想要用網球拍打高爾夫球，或是用高爾夫球桿打網球一樣。

想想你能為組織做什麼

我一生中曾多次造訪南非。在過去，這個國家處於根深柢固的隔閡與分裂之中。數十年前，南非的經濟尚未開放，國家由壟斷企業與寡頭政治支配，無視於全球化經濟需求。在封閉的經濟制度中，種族隔離政策與白人至上思維，導致人民沒有太多生活方式可以選擇。但現在，人民生活在開放經濟與新的憲法與政府中，因此每個人都需要做出一些犧牲。這個過程從一九九〇年代的政治轉型開始後，一直持續進行著，最後的結局至今尚未明朗。

在轉型的歷史時刻，當時的南非總理戴克拉克遭遇了人生中的一大危機，他必須同時從務實與道德的觀點，決定自己的未來。基本上，戴克拉克是個實用主義者。他明白自己需要放下權力，接受維護所有人的人權的新憲法。此外，他也從道德觀點接受這個立場，因為他傾聽了自己的良知。

儘管如此，一直要到曼德拉在牢獄中度過二十七年的人生，在個人犧牲的催化下，情況才開始發生戲劇性的轉變。曼德拉在獄中深刻學習到謙卑為何物。當他出獄時，已經轉變為一個充滿和解精神與智慧，以及溫和性情的人。在獄中那些年，他逐漸拋開對獄友的鄙視。事實上，當他當選南非總統後，還邀請獄友們出席他的就職典禮。他堅守原則，明白自己必須採取負責任的溫和路線，在同時面對被壓迫者的滿懷希望和期待，與壓迫者的恐懼和焦慮時，謹慎行事。至於戴克拉克，在克服過去的不信任與偏見之後，他在公開場合與曼德拉手牽手，兩人共同締造一個對所有人民一視同仁的嶄新國家。

曼德拉與戴克拉克向我們展現了自我犧牲的領導風範。如果他們能在處境如此艱困的南非做到，想想你能在組織裡做些什麼！

有沒有做出個人犧牲，是交易關係與夥伴關係之間最大的區別。

拋開個人私心

每當你把自己的命運交給團隊，或是任何互賴的合作性行動，你就是在冒險，使自己處於一個可能會受傷的處境。你放手一搏，以更開放與誠實的態度與他人溝通，不帶有任何個人私心。

對許多人而言，這意謂很大的犧牲。受過傷的人很容易會緊抓著過去的傷痛不放。在有政治派系的組織中，人們往往表裡不一或充滿算計，難以敞開自己，同時會在別人背後說三道四。

操弄他人已成為非常普遍的做法，以致於要人們拋下這種有害的行為，對許多人來說是一種很大的犧牲。若沒有個人犧牲，你得到的通常是交易性的結合，而不是轉化性的夥伴關係。在某種程度上，南非的例子同樣適用於任何企業或個人。沒有犧牲，就得不到轉化。有沒有做出個人犧牲，是交易關係與夥伴關係之間最大的區別。

傑出的領導人會為了員工與組織，犧牲自己的自尊心。要有效在團隊中工作或是與團隊合作，我們需要犧牲自尊心，展現謙卑。徹底放下自我意識，是今日許多專業工作者需要做的犧牲。我們需要基於互相尊重的精神，與彼此建立關係。

富蘭克林在培養謙卑的態度時，他「規定」自己不可用無禮的態度對待別人，而是要尊重他人的意見。他也提醒自己，不要對自己的意見太過「武斷」。他在晚年時曾寫道：「過去五十年來，沒有人聽我說過任何一句武斷的話。」他認為這是他對別人的影響力愈來愈大的原因。武斷的言論可能類似於「我是對的，任何反對我的人都是錯的」。

要建立轉化性的夥伴關係，關鍵在於要有意願放下原有的思維與技能，採取互賴的思維與統合綜效的技能。先去了解別人，同時尋求互惠。

人們需要先獲得安全感，才能形成共同的願景。一起拼圖的人，心中一定要有相同的畫面。在大多數的組織中，人們看到的不是相同景象，而是不同畫面。由於每個人都必須做出反應，於是他們就根據誤導的資訊、錯誤的資訊，或是在毫無資訊的情況下，採取行動。他們每個人可能可以完成一部分的拼圖，但大家的拼圖最後卻湊不起來。

先去了解別人，同時尋求互惠。

難度最高的犧牲

所有的團隊成員需要放下不夠完善的思維模式，學習秉持真正的原則。放下自己珍視的思維，往往是難度最高的犧牲。人們需要擁有謙卑的心，才能做到。因為傳統的思維是「我是為了獲得好處而來。我要掌控議題」。這種思維導致傲慢的心態，也就是導致失敗的傲慢。謙卑的人會說：「我無法控制一切，原則主宰與控制一切。」

團隊成員必須了解並運用高效能的原則，進行合作。這些人必須是正直且擁有富足心靈的人。由於擁有富足心靈，所以他們不會一直互相競爭與比較，或覺得需要玩弄政治手段，因為他們的安全感來自內在。

他們必須願意挑戰所有的思維模式。要拋下慣用的思考方式，需要極大的勇氣與深刻的內省。當過去慣用的思考方式效益不彰時，我們就必須這麼做。當我們挑戰自己的思考方式時，會害怕用新習慣取代舊習慣。大多數人在既有的思維模式中，可以自在工作，但現今的團隊必須有勇氣放下既有的思維模式，辨識出潛藏的假設與動機，面對挑戰並進一步追問：「這還行得通嗎？」

他們必須尋求「不是雙贏就免談」的選項。統合綜效不只是合作，還能創造出更好的解決方案，代表人們在表達觀點與意見時，需要基於勇氣傾聽。真心的互動才能創造統合綜效。

他們必須值得信賴。不秉持真正原則的人，無法贏得他人的信賴。當我們以原則為中心，就會擁有品格力量，放下試圖抓住權力與控制權的意圖，不再把別人視為達成目標的工具。

全新的權力來源

今日的團隊領導人必須尋找新的權力來源。權力的來源正在轉移：從地位轉為說服，從魅力轉為品格，從控制轉為服務與犧牲，從自負轉為謙卑，從證書資歷轉為持續學習與進步。他們的權力必須來自根植於品格的四個來源：

1. **明智的運用自覺、想像力、獨立意志與良知。**人們若不以負責任的態度運用這四統合綜效不只是合作，還能創造出更好的解決方案。

種能力，團隊的努力最終仍會功敗垂成。對於任何不以負責態度運用這些能力的思維模式，團隊領導人都必須加以質疑。

2. **花更多時間從事重要但不一定緊急的事。**如前文所述，我們研究戴明獎得獎企業時，發現這些企業的主管把六成的時間花在重要但不緊急的事情上（例如發想願景、使命、方向與再創造）。

3. **持續學習、改善與進步。**團隊領導人定期取得行動結果與回饋意見，然後進行必要的修正與改進。

4. **建立雙贏與夥伴關係的網絡。**透過個人的謙卑態度與犧牲，我們自然會改善與他人的關係，同時建立穩固的夥伴關係。我們的所有關係都需要團隊、夥伴、統合綜效與互賴的精神。

犧牲的先決條件是謙卑。我們可能是因為環境逼迫而學會謙卑，也可能是因為明白原則主宰一切，而自己選擇了謙卑。不論基於什麼理由而抱持謙卑的態度，都是好事。但若能出於良知、而非環境所迫，會是更理想的方式。

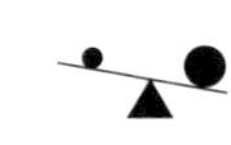

應用與建議

- 要在團隊中工作以及與團隊合作時獲得成效，我們需要放下自尊心，訴諸謙卑。你的自我意識是否阻礙了團隊的進步？在哪方面？請你下定決心除去阻礙。當你這麼做時，發生了什麼事？
- 大多數人在既有思維模式中運作。你自己、你的團隊或家人的哪些思維模式，可能對你造成不利的影響？鼓起勇氣檢視，辨識出潛藏的假設與動機，面對挑戰並進一步追問：「這還行得通嗎？」你需要放下哪種思維模式，以創造更好的結果？將結果記錄在個人日記中。
- 向某個人說明統合綜效的概念，然後請對方把這個概念解釋給你聽。你透過這個練習學到了什麼？
- 促使人改變自己的主要動力是痛苦。如果你感到痛苦，就比較能夠向謙卑與犧牲敞開心胸，達成由內而外、以原則為中心的改變。你生活或職場中的哪個部分，為你帶來痛苦？這痛苦的來源是什麼？想想你能採取哪些步驟，讓你的生活更接近高成效的原則，並減輕痛苦。將這些步驟記錄在個人日記中。

第 10 章

成功槓桿5：服務

當來到生命的盡頭，我們的功過不是取決於拿了多少張文憑、賺了多少錢、做了多少偉大的事，而是「我肚子餓了，你給我東西吃；我沒衣服穿，你給我衣服；我沒有住處，你收容了我」。

—— 德蕾莎修女

與人互動時，沒有不重要的小事，全都是大事。服務是個極度個人的原則，必須先奉獻自己。百分之九十的人非常在意人與人的互相接觸，而接觸的結果會進一步影響他人。自私會形成我們生活中最沉重的負擔，而服務他人（減輕他人的負荷）是首要成就的精髓。次要的成就則與服務沾不上一點邊。

我有一個朋友是演員。有一次，他到紐約市的某個劇場觀賞他的朋友演出。他發現他的朋友並沒有與觀眾連結，於是他跑到舞台前方的樂團席，想給他朋友一個訊息。

我朋友非常熟悉這齣劇碼，他知道他朋友何時會站在舞台上的哪個位置，也知道他朋友在某一幕會站在離樂團席一步之遙的地方，他希望趁這個時機告訴他朋友一件事。

當他朋友站在那個位置時，他抬起頭，兩人視線相交，並對他說：「對我說話。」

他朋友立即明白他的意思，自己一直對著他看不見的觀眾表演，而這些觀眾無法入戲，成了一大群面無表情的人。當他朋友提醒他「對我說話」，他明白自己應抓住多數人心的關鍵，就是先抓住其中一個人。

該向某個有血有肉的真實的人、對他有意義的人演出。於是，他立刻開始對著特定觀眾說出台詞，即使他因為強烈的舞台燈光，無法看清台下的所有人。他對著他能看見的臉孔，與他們說話。很快的，他就抓住了觀眾的心。他與觀眾產生連結，因為抓住多數人心的關鍵，就是先抓住其中一個人。

你連我叫什麼名字都不知道

我在大學教書時，在學期的最後一堂課，有個學生下課後來找我，為這一學期的課程向我致謝。那個班級約有五百五十名學生，他對我說：「我很敬佩你在這個領域所做的貢獻，也很尊敬你所擁有的知識，但柯維老師，你連我叫什麼名字都不知道。」

他的話印證了一句古老的諺語：「直到我知道你多關心我，我才會關心你懂多少。」

我最近對一個大團體授課，上課時用了很多投影片。我對技術助理說：「我們現在看這張投影片；我們現在看下一張投影片。」下課後，一位學員傳了一張字條給我，上面寫著「我聽了一下午的課，沒聽到你說一次請或謝謝」。

我以為我的語調聽起來很溫和。我並不是對助理下指令，但我沒有說「請」和「謝謝」，對那個人來說，他在意的不是我說了什麼，而是他覺得我欠缺一般人該有的禮貌與尊重。

這個回應印證了：百分之九十的人非常在意人與人的互相接觸，而接觸的結果會進一步影響他人。

我有個朋友是知名的職業運動員。球季以外的時間，他在教會擔任一群四歲小朋友的教練。他很愛這群孩子，叫得出每個人的名字。他肯定了這群孩子的價值，也非常留意每個人的狀況，會花時間一一打招呼。結果，這群孩子說什麼也不願意錯過他的課，一有機會就想爬到他身上，或是坐在他腿上。他把心思放在每一個孩子身上，因為每一個人對他而言都很重要。

我們的顧客和這群孩子沒有兩樣。他們希望你叫得出他們的名字，希望公司的業務代表真的關心他們。這是一大訣竅，更是導致交易成功或失敗的主因。與人互與人互動時，沒有不重要的小事，全都是大事。

動時，沒有不重要的小事，全都是大事。

為一個人服務為何有效

「抓住多數人心的關鍵，就是先抓住其中一個人」，這個原則為何如此重要？又為何可以打開人的心與頭腦，以及各個大門？我認為這是因為**人類靈魂最深的渴求，是獲得肯定，得到重視、珍惜與理解**。當你承認他人的存在，並且為了觸動對方而調整你傳達的內容，你等於在對他們說：「你很重要。你是個有價值的人，天生就具有優點，我不會拿你和別人比較。你非常珍貴。如果你允許我在你的腦海留下訊息，我知道我進入的會是一個神聖的地方。」這正是你的行為所代表的意義。

身為顧客，我通常能在客服人員接受訂單或處理我的需求時，在互動的頭幾秒之內，分辨出這個人是否人在心也在。如果對方人在心也在，我可以感覺到他是真的關心我。

關心某個人是個有效的方法，因為這種思維模式聚焦於人，而非事情；它聚焦於關係，而非時程表；它聚焦於成效，而非效率；它聚焦於個人領導力，而非資源管理。

在充滿關懷的文化中工作，會讓一切不同。舉個例子，我女兒珍妮曾在我們公司的客服部工作。當為期六週的職前訓練即將結束時，她對我說：「爸，我很難過訓練即將結束。」我說：「為什麼？」她說：「我會非常想念團隊裡的其他人。」我說：「為什麼？」她說：「我們屬於同一個團隊。如果有人犯錯，就是整個團隊的錯，每個人都會過來支援。我們的團隊領導人是採僕人式領導，而不是個高高在上的老闆。他們對我們的關懷是最好的示範，告訴我們應該如何關懷顧客。」

她還說：「即使我只是接聽電話，從來不曾見過這些顧客，我與許多人確實建立了關係，他們還會以朋友的身分打電話來，或是寫信給我。我和有些人只說過一次話，但是當他們打電話來下訂單時，他們會請我推薦商品。」她透過這些經驗明白，主管如何對待隸屬客服團隊的她，而她又該如何對待顧客，以及顧客如何對待她，這些互動有著直接的關聯。

聚焦於人，而非事情；聚焦於關係，而非時程表；聚焦於成效，而非效率；聚焦個人領導力，而非資源管理。

產生關懷之心的三種方法

你與團隊如何對每位顧客產生關懷之心？可以從三方面著手：

1. **雇用**。一家大型航空公司要雇用員工時，會將應試者帶進一個房間，請每個人做簡報。所有應試者都認為主試官在評估每個人做簡報的能力。但主試者其實是透過隱藏式攝影機，了解所有應試者之中，有哪些人在認真聽別人做簡報。展現專注、支持的態度在聽別人做簡報的人，天生具有關懷他人的能力或性格。如果某個人只關心自己，在別人做簡報時露出一副很無聊的表情，或是對於做簡報時出現狀況的人，沒有顯露任何同理心，這些都是非常負面的跡象。

2. **訓練**。某個組織的主管，想要知道哪些員工天生具有團隊精神。於是他們指派任務給每個團隊，要求他們在很短的時間內完成工作。這些任務的難度和複雜度都很高，需要借助其他人的專長，所有人必須與其他團隊成員合作，才能達成。結果發現，每個人天生的性情與傾向很快就浮現出來。沒有團隊精神的人立刻試圖掌控一切，無視某些人的意見，貶抑其他人，而且沒有禮貌，但他們非常任務導向。其他人雖然非常關係導向，但對於要如何完成任務沒有任何概念，結果什麼事也沒做成。最出乎眾人意料的是，每個人的團隊技能最後是由團隊中的其他成員評定。這使得所有人大吃一驚，並意識到：「天哪，我怎麼會如此對待別人。」

3. **培育**。你可以透過雇用與訓練達到目的，但對我而言，培養服務倫理最有效的方法，是在文化中發展出力量強大的社會規範。當所有人開始明白，這是我們對待彼此的方式，你就會擁有永續競爭的優勢。僕人式領導的精神教導大家，要對他人展現善意、尊重與關懷，即使有些人並非天生如此。

我曾拜會麗思卡爾頓酒店的人力資源總監。這家酒店的格言是「我們是服務紳士與淑女的紳士與淑女」。我問這位總監：「這個格言與尊重他人的文化，是否對你的個人與家庭生活產生影響？」

她對我說：「當然，影響可大了。我的成長過程非常艱辛，在寄養家庭總是遭到虐待與施暴，也在多個寄養家庭之間來來去去。於是，我發展出一種生存思維。我的內心充滿憤怒且憤世嫉俗，但我運用人際關係技巧與他人相處，對公司的同事

培養服務倫理最有效的方法，是在文化中發展出力量強大的社會規範。

與顧客都非常友善。然而下班之後，只要有人惹火我，我就把所有的挫折發洩在對方身上。」

我提醒她：「被壓抑的感覺並不會消失，只是被埋藏起來，一有機會就會加倍爆發出來。」

她說：「沒錯，我總是把憤怒發洩在親人身上……直到我開始在這裡工作，情況才有所不同。」

我問她：「有什麼不同？」

她說：「待在這家公司就像是擁有第二個家和童年。整個組織裡的人都是我學習的對象。現在我看待與對待自己孩子的方式已經改變，會比較想在家裡創造美好的感覺與氛圍，而不再急於完成某項工作。」

來自同體系的另一家酒店的一名員工，也告訴我同樣的事。他說：「這裡的文化非常吸引我，就像是我的家。當我度假時，我寧可待在酒店大廳，觀察酒店員工與顧客的互動。我非常喜歡看見人們以善意對待彼此的景象。」

這種文明有禮的特質，大多被現代社會的憤世嫉俗與操弄心機，侵蝕得消失殆盡。即使在非常高檔的飯店和度假村，你也無法保證花大錢就能換來別人以禮相待。事實上，財富可能會助長酒店服務人員崇拜精英的心態，反而容易利用人際關係技巧操弄顧客，以獲得更多小費。

連鎖反應

我最近一次搭飛機時，看到一個孕婦走進機艙，她一隻手抱著小孩，另一隻手拿著一個大背包。

當這個孕婦走向通道時，兩名空服員站在附近，正在聊天。我立刻站起來對這個孕婦說：「我來幫妳。」那兩名空服員看著我們費力的把東西放進座位上方的行李櫃。

協助乘客擺放行李或許沒有明定在空服員的職務說明書裡，但如果他們有敬業精神，一定會出手幫忙。我猜他們在公司裡也是如此被對待，主管可能從來不理會他們的抱怨。

我們想追求什麼，就會看到什麼。

我兒子第一次搭滑雪纜車時，他感到非常害怕。我帶著他，鼓勵他嘗試看看：「別擔心，我會請他們放慢速度。」

我們走到纜車站，我問操作員：「可以請你放慢速度嗎？這是他第一次搭纜車。」

對方皺起眉頭（事實上，他露出嫌惡的表情）並說：「好吧。」

從那一刻起，我兒子就對滑雪失去了興趣。

當你處於脆弱的狀態，別人的語氣透露出任何微妙的訊息或轉變，都可能使你受傷。孩子察顏觀色的第六感特別強，也會立刻察覺周遭的氛圍是好是壞，常因別人憤世嫉俗的態度而大受打擊。

就這樣，我兒子的滑雪生涯就此結束。

我猜這位纜車操作員去找主管討論事情時，也得到同樣的待遇。他對主管說：「我可以請一天假，參加家族聚會嗎？」而他的主管很可能立刻斥責他說：「你算哪根蔥？你那天要按照班表來上班。」而那位主管很可能也被蠻橫的老闆以同樣的方式對待。

年紀愈長，我愈是清楚看出，公司對待員工的態度，與員工對待顧客的態度有直接的關聯。這是連鎖反應。

當然，我們不需要成為一個只懂得反彈的人。我們可以學習不讓自己受傷害，可以根據基本原則，從內在培養安全感，縱使在別人不愛我們時，仍能愛別人；當別人對我們不好時，仍能向他人展現善意；當別人對我們不耐煩時，仍然對他人發揮耐性。

向別人送上自己的另一邊臉頰，多做一些份外的工作，成為僕人式的領導者，這些能力來自我們對自身願景的深刻體認。

我們想追求什麼，就會看到什麼。假如我們尋找美好的事物，往往就會在別人身上看見美好的特質。

我們也會請敢直言的人，提供回饋意見，而不會因為別人的回饋意見而遷怒他們。相反的，我們會以感激與謙遜之心向對方道歉並說：「我需要改進，並做一些補償。」這種行為會使你有能力想對別人更加有禮。

應用與建議

- 「你很重要。你是個有價值的人，天生就具有優點，我不會拿你和別人比較。你非常珍貴。如果你允許我在你的腦海留下訊息，我知道我進入的會是一個神聖的地方。」你是否曾與任何人建立這種層次的關係？你能與誰培養出這種關係？寫下你為了建立這種關係，打算採取的一、兩個步驟。
- 公司對待員工的態度，與員工對待顧客的態度有直接的關聯。這是連鎖反應。你的連鎖反應鏈是什麼模樣？有哪個環節比較脆弱，或是出現問題？你今天能做什麼，強化你與某位同事的連結？
- 我們必須學習不讓自己受傷害，拒絕自我疏離。該怎麼做呢？我們可以根據基本原則，從內在培養安全感，縱使在別人不愛我們時，仍能愛別人；當別人對我們不好時，仍能向他人展現善意；當別人對我們不耐煩時，仍然對他人發揮耐性。下次當你覺得被冒犯或輕視時，多發揮一點耐心。你的態度將會產生什麼樣的改變？

第 11 章

成功槓桿6：責任心

一個人最終性格的養成，掌握在自己手中。
——安妮・法蘭克，《安妮日記》作者

負起責任是獲得首要成就的重要關鍵。要為生活中發生的好事負起責任並不難，但是當情況不順利時，才是真正的考驗。逃避人生的責任，將自己的處境怪罪於他人或環境的人，注定永遠是個受害者。追求首要成就的人明白，生命的品質取決於自己的選擇，而非別人的選擇或是自身的處境。

一位企業高階主管曾對我說：「我與最有創造力的員工之間的關係，以及我與正值青春期的兒子之間的關係，是最令我擔憂與關心的事情。過去我總是動不動就發脾氣，對他們大吼大叫。我該如何改善關係，改變他們對我的印象？」

所幸，沒有任何情況是無法挽救的。我們可以透過許多有效的方法，讓破裂的關係癒合，清償情感帳戶的欠款，重拾對他人的正面影響力。

還清最後一文錢

人們常感被冒犯，或冒犯他人，但彼此都沒能以謙卑之心，負起應負的責任，反而是將自己的行為合理化與正當化，只會各自搜證，使自己對另一方的既有看法失去的信用，光靠口頭道歉是換不回的，你必須多做一些，展現你的誠意。

更加堅定，結果卻導致問題更加嚴重，最後把對方關進自己心中的牢籠。

如果你沒有還清最後一文錢，就無法走出心靈牢籠。一文錢是金額很小的硬幣，還清最後一文錢的意思是，清償所有的債。要以謙卑的心，認清自己必須為問題負起的責任，即使對方可能也有一部分責任。

假如你負起自己應該承擔的所有責任，並出於真心與靈性上的讓步，向對方坦誠並道歉，對方會感受到你話語中的真誠。當然，你必須言行一致，別人才能看見你的表裡如一。

你的行為必須與道歉的內容一致，並維持一段時間，才能還清最後一文錢。因為你在對方心中的情感帳戶已經透支，失去的信用，光靠口頭道歉是換不回的，你必須多做一些，展現你的誠意。自己闖的禍，無法靠嘴巴說說就能解決，尤其當你有不良記錄，總是一再道歉，但行為模式從不改變。

假若你只跨出一小步，就期待別人也意識到他們該負起的責任，這樣是行不通的。對方可能跨出一步後心想：「我很抱歉，但錯的人不只是我，你也有責任。」唯有當他看見你還清所有債務，負起你所有的責任，他才有可能跨出第二步。

要還清最後一文錢，你可以說「我錯了」、「我讓你在朋友面前出糗」，或是「你為了那場會議費盡心思做準備，而我卻在會議上打斷你的話。我不僅要向你道歉，還要向所有與會者道歉，因為他們看見了我如何對待你，而我的行為也冒犯了他們」。你不為自己辯護、解釋、防衛或推卸責任，你只是努力還清最後一文錢，然後從對方心中的牢籠走出來。

在你自覺承擔責任後又會發生什麼事？假設你與對方的關係原本就非常緊張，而你必須負一部分的責任，如果你只是試著對另一方好一點，卻不願承認自己的責任並向對方道歉，這是行不通的。因為對方已經受傷，也因此對你產生防衛心，會質疑你的用意，並猜想接下來會發生什麼事。即使你已釋出善意改善了行為與態度，仍無法減少他對你的不信任，因為你已經被關進他心中的牢籠，而這牢籠是由他為你貼上的情感標籤構築而成的。

此時，你唯有向對方全面並明確的承認自己的缺失或錯誤，才能還清最後一文錢。

練習還清最後一文錢

當我在職場遇見沒有意願負起責任，並習慣將自己的不良表現怪罪別人的人，我經常體驗到「還清最後一文錢」的功效。

有一次，我與一個年輕人共事，他在我領導的組織裡待得有點辛苦。我為他貼上「低成就者」的標籤，有好幾個月，每當我看見他的臉或是聽見他的名字，就會用這種態度看待他。

後來，我察覺自己在他身上貼了標籤，而這個標籤已成為自我實現的預言。我發現**人們往往會根據你對待他的方式或是你對他的認定，成為那樣的人。**我決定要還清最後一文錢。我去找這個年輕人，向他承認我對這整件事的想法，以及我讓自己扮演的角色，並請求他原諒我。

我們的關係立刻在誠實的基礎上重新展開。後來他在職務上不斷成長，擁有非常出色的表現。

許多小說的主題是關於單方面的愛。人們不願付出無條件的愛，因為他們曾受過傷害，於是退縮到自己的世界中以保護自己，成為憤世嫉俗、猜疑心重或是愛挖苦嘲笑別人的人。他們不願敞開自己，因為不想處於容易受傷的狀況。

我女兒失戀後，我曾告訴她：「請妳不要為自己築起防衛的牆。」她說：「為什麼？受傷太痛苦了。」我說：「妳不需要透過與別人的關係獲得安全感。如果妳從內在正直的人格獲得安全感，就不需要築起防衛的牆，而變得願意敞開自己，並且忠於自己，這正是使妳看來如此美麗且可愛的原因。假如妳因為曾經遭到拒絕，從此不再接受別人與新的機會，那麼妳就在自己的周身築起了防護牆，使妳再也得不到愛。妳最可愛的地方之一，就是願意信任別人，願意冒可能受傷的險。」

拋開法律問題，真誠道歉

許多人在還清最後一文錢時，可能會面臨法律問題。舉例來說，有些律師會告誡當事人千萬不可以道歉，以維持百分之百的清白，因為道歉可能暗示自己有錯。

許多企業領導人的想法會被合法性與律師思維綑綁。雖然有時候保護自己代表在企業界，只要有人願意先承認「我錯了」，許多問題就可以迎刃而解。

態度謹慎，但律師思維可能會導致問題發生。這就像草擬婚前協議書一樣：「假如將來離婚了，我們的財產會這樣分配。」協議書的做法也許實際，但會因此失去理想，可能導致婚姻的破裂。當我們拋棄理想，就等同拋棄人性的本質，無法放下自我保護與防衛心來處理事情。

一旦採取法律思維，就會考慮最糟的情況，只看見人性最糟的一面，疲於搜證並為自己的立場辯護，催化敵對主義。我們需要尋找有能力超越法律思維的律師，這種律師知道何時與如何適度運用自己的技能，但對於人生與人性保有比較正面的態度。

在企業界，只要有人願意先承認「我錯了」，許多問題就可以迎刃而解。舉例來說，有位執行長對我說，那天稍早他與工會領袖開一個重要的會，結果領袖們會還沒開完就拂袖而去。我問他：「為什麼？」他向我坦承，公司確實以不公平的方式對待某些工會成員，但這些都是「細枝末節的小事」。

我說：「在那些工會領袖看來，你把他們的使命看得微不足道。如果你做錯了，就必須承認錯誤，向他們道歉。就是現在，今天就做，不要拖延。立刻打電話給他們，趁對方還願意聽你說話的時候。」

這位執行長照我的話做了，而他的誠心道歉，也被工會領袖接受，願意重返會議桌。道歉就是能對人產生這種效果。

我深信這個原則能發揮神奇的效果，化解歧異、療癒關係、解決罷工問題，以及促進跨國商業交易。人與人之間建立個人層次的關係後，還清最後一文錢的默契就會油然而生。若你做錯了事，你只能說：「我錯了，我向你道歉，我想要補償你。」

還清最後一文錢也意謂努力進一步了解對方。古希臘語的「敵人」（enemy）與「陌生人」（stranger）是同一個字「xenos」。從個人層次了解原本敵對的一方，他們就不再是陌生人了。

我們可以一點一點創造有禮的服務文化，在這個文化中大家都明白，每個人都有缺點。但所有人都願意基於謙卑、真心與誠實承認這些缺點，並試圖扛起責任，加以補償。

修補關係的六個重點

要應用這個原則修補嚴重破裂或緊張的關係時，我想強調六個重點：

1. **我們可能要向自己坦承，至少要為問題負起一部分責任。**經過反省後，我們會看見自己如何傷害、侮辱或貶低別人，或是我們沒有理解他人、沒有堅守原則，或是我們的愛是有條件的。
當領導人沒有還清最後一文錢，就喪失了自己的道德權威。領導人的力量主要來自道德權威，尤其在擁有許多知識工作者的扁平化組織裡。你無法在資訊世界中濫用權勢，因為每個人都可獲得相同的資訊。道德權威是你所擁有最具力量的東西。

2. **人們遭受重大傷害或羞辱後，會退縮並封閉自我。**受傷的人會產生受害者心態，把其他人關進自己心中的牢籠，拒絕放別人出來。又為了避免受到更多傷害，會將其他人認定為惡毒、不公平或沒有同理心的人。

3. **光是改變行為無法讓我們走出牢籠，因為對方再也不相信我們了。**對方會覺得這太冒險了，並對我們改變後的行為與態度，以及不真誠的懇求，抱持質疑態度。對方可能會說：「我曾經信任他，看看我的下場。」他們的內心雖然迫切需要有人指引方向與情感支持，但仍把我們關在他們心中的牢籠，刑期未定。

4. **唯一的解決方法通常是，向他們承認我們犯的錯，同時道歉並請求原諒。**我們尋求和解時，必須明確告訴對方我們做錯了什麼，不附加任何藉口、解釋或辯護。我們只需要承認，我們知道自己做錯了，也知道是什麼原因，使我們被關進對方心中的牢籠，現在我們願意付出代價，以求被釋放。如果只是試著和解，但心裡卻有所保留，並心想「他也應該感到遺憾；我只能做到這麼多。除非他承認自己的錯，我才願意做更多」，那麼這個和解行為只是表象的、不真誠而且具有操弄性。在和解的表象之下，猜疑與騷動的情緒並未消退，當你們的關係再度面臨壓力時，問題又會再度浮現。

5. **這個方法必須出於全然的真誠，不是被當作操弄性工具來使用，只為了挽回關係。**若你使用這個方法只因為它管用，最後必然會自食惡果。我們絕對不能將自己一再上演的象徵性道歉，無法為你贏得別人對你的信任或原諒。

視為受害者。除非我們是發自內心想改變自己，否則我們遲早會重蹈覆轍，傷害他人，而這一次，我們會被關進更厚的高牆裡。即使我們道歉，對方也不再相信我們。

一再上演的象徵性道歉，無法為你贏得別人對你的信任或原諒。

6. 在多數情況下，還清最後一文錢不僅可以幫助我們脫離對方的心靈牢籠，擁有新的機會與他人溝通，並影響他人，啟發（並非強迫）別人承認錯誤與下定決心。有時候，我們心知肚明自己跨過了那條敏感的界線，傷害、侮辱或冒犯了別人。當時甚至覺得理直氣壯，因為對方可能活該遭到這種對待。但我們明白，一旦傷害了別人，我們就需要向對方當面承認錯誤，並請求原諒。自尊心常阻礙我們還清最後一文錢，但最後還是要向人低頭，表達自己的遺憾與歉意，並尋求原諒。

應用與建議

- 是否曾有人以真誠且謙卑的態度，請求你的原諒？這個舉動對你們的關係產生了什麼影響？你需要向誰道歉嗎？請試著這麼做。情況如何？這個舉動對你們的關係產生了什麼影響？
- 你是否對某些人心懷怒氣或怨恨？你覺得自己是受害者嗎？這些長期累積的感覺會造成什麼後果？你今天可以做些什麼，開始慢慢消除這些感覺？
- 你是否經常向人道歉，但行為卻從不改變？經年累月下來，這樣的情況會造成什麼後果？你現在能改變自己哪一點，使自己能與他人建立更好的關係？

第 12 章

成功槓桿 7：忠誠

心胸遠大的人談論想法，市井小民談論事件，心胸狹小的人道人長短。

—— 愛蓮娜．羅斯福

擁有首要成就的人是忠誠的，這種忠誠並非毫不質疑的愚忠，而是拒絕在別人背後對他加上刻板印象或標籤，或在暗地裡譴責他。

我們許多人因為不尊重他人，對周遭人的不完美表現出不贊同、甚至輕蔑的態度，而背負沉重的負擔。假如我們能拋開對他人不切實際的期待，明白每個人都只是凡夫俗子，就能放下心頭重擔。

首要成就的終極考驗就是，在別人不在場時仍忠於對方。

當別人不在場，他們就處於暗處，不會知道你說了什麼關於他們的事，或是你是否忠於他們。這正是你展現真實本性的時刻。這不代表你不能批評別人，但你所說的必須是建設性的批評。也就是說，萬一對方在無意中聽見你所說的話，或是你的話後來傳到了對方耳中（通常會如此），你也不會因此感到不好意思，因為你沒有在暗地裡用尖酸刻薄的話語批評別人，為別人加上刻板印象或標籤，然後尋找證據支持你對別人的鄙視。

我用四個關於忠誠的小故事來說明我的觀點。

不是不能批評別人，但你所說的必須是建設性的批評。

令人敬佩的大學校長

我曾經在夏威夷某所大學擔任客座教授。我對於宿舍的狀況非常不滿意，於是直接跑去找校長，因為校長與我共事。我向校長抱怨舍監的不是，在我看來，這位舍監不僅能力不足，而且對工作不用心。

校長聽了之後立刻對我說：「史蒂芬，我很遺憾聽到這個狀況。但我希望你知道，我們的房舍總監是個很優秀、能力很好的人。我們現在請他過來，一起解決問題好嗎？」

那位校長對舍監展現了極大的忠誠。這使我感到很不好意思，因為校長的處置方式是非常正確的。我不敢對他說：「不用了，你處理就好。我只是希望你知道這個狀況。」因為他迫使我面對並負起我應付的責任。

於是，校長打電話請舍監過來。不久後，我就看見他穿過校園走過來。此時我心想：「我剛才有把話說清楚嗎？或許我該為問題負起一部分責任。」當他走進辦公室時，我的態度已經變得非常溫和與謙遜。

校長的人格令我敬佩，因為即使會令我難堪，他仍然對不在場的舍監展現了忠誠。那位校長教了我什麼才是正確的原則，而我從這次難堪的經驗得到了教訓。

當舍監走進校長辦公室時，我的態度整個大轉變。我用友善的態度對他說：「你好嗎？很高興認識你。」就在幾分鐘前，我還在這個人背後批評他。校長也看見了我前後的兩種態度，這使我覺得更不好意思了。

但這次經驗讓我學到很多。我學會不在別人背後道人長短，不說出若被當事人聽見、會令我覺得不好意思的話。而那些聽你說話的人都知道，你也會在他們的背後談論他們，尤其當你們的關係陷入緊張時。

秉持正直態度處理的部門主管

我有一次在演講中提到這個故事，演講結束後，一位大銀行的高階主管來找我，他對我說：「我也有類似經驗。我有一次到一家分行巡視，他們派一名行員負責接待我。她接待得很糟，於是我向部門主管抱怨。大多數的部門主管對我非常敬不在別人背後道人長短，不說出若被當事人聽見、會令自己覺得不好意思的話。

畏，甚至不太敢與我互動。但這名部門主管說：『我很遺憾你有不愉快的經驗。那名行員是個很好的人，我打電話請她過來，我們一起談談。或許你可以把你的感受直接告訴她。』」

那位高階主管對部門主管說：「不必了，你處理就好。我只是希望讓你知道這件事，我不想被扯進去。」但部門主管對他說：「我只知道，如果這件事發生在我身上，我會希望親自解決這個情況。如果你是這名行員，你不希望如此嗎？」

想像一下那位部門主管要以如此直接、坦率的態度與公司的執行副總裁說話，需要多大的勇氣。副總裁聽了只能說：「對，我想我也希望能親自解決這樣的狀況。」然後部門主管說：「好，那我們打電話請她過來。」於是他們與那名行員一同面對這個狀況。兩位主管以負責任的方式，讓那名行員得到了回饋意見。

那位副總裁接著告訴我：「後來，當我們要尋找某分行的行長人選時，我全憑那次的經驗，就提名了那名部門主管。因為我知道，如果他能在某人的背後展現如此的勇氣、誠實與忠誠，即使面對位高權重的人也是如此，那麼他必定能秉持正直的態度，處理其他事情。」

欺騙客戶的汽車維修站主管

有一位汽車維修站的主管在訓練員工時，告訴部屬要在顧客的車子上找出不存在的問題，藉此多賺一點錢。

有客人開車來維修時，這位主管會看一下車牌，然後告訴員工：「這是外地來的車，代表你這輩子很可能不會再見到這個客人。所以先試探一下，看看這個客人懂不懂車。先和他談談技術性的問題，你可以說：『你的起動馬達看起來可能有問題。』如果對方說：『起動馬達？那是什麼？』你就知道對方完全不懂車，可以任你宰割。」

接著要員工對顧客說：「如果是我的車，我可不希望冒險，尤其當我要穿越沙漠時。車子有可能會在半路拋錨。」

「我不希望發生這樣的情況，我該怎麼辦？」

「我可以為你打個折扣，幫你換一個新的。我可以用成本價賣你一個起動馬達，而且不算工資。」

在人後展現勇氣、誠實與忠誠，即使面對位高權重的人也要如此。

對方聽了也許心想：「我賺到了！我只需要付兩百美元，就可以買一個起動馬達。原本連工帶料要花三百四十九元。」但事後那位主管向部屬使了個眼色，因為他們把四成的利潤灌進了起動馬達的價格裡。

後來，員工私下聚在一起談論：「如果這個人如此對待顧客，那麼他會怎麼對待我們這些員工？」他們知道，這位主管一定也會想辦法欺騙他們。

教客人逃稅的商店老闆

有一次我在加拿大邊境，看見商店正以半價出清商品。我看見了一件標示五折出售的皮外套。當時只有我一個顧客，店裡還有兩名銷售員和這家店的老闆。老闆對我說：「這個價錢太划算了。」他說動了我，那件外套很合身，而且我很喜歡。

我對老闆說：「即使打了折，還是有點貴。我需要付多少稅金？」

他說：「不必，你不必付任何稅金。」

我說：「但海關的表格上寫著，我必須申報我在國外買的所有物品。」

他說：「不必擔心，你直接穿在身上就好，大家都這麼做。」

我說：「可是我已經在海關的表格上簽了名。」

他說：「聽著，先生，大家都這麼做。他們不會問你任何問題。只要穿著這件外套過邊界就行了，不必擔心。」

而我說：「我擔心的是，你身後的這兩個人現在可能會開始懷疑，你對於他們的佣金、在職訓練以及其他的事情，到底是怎麼處理的。」

在場的三個人都露出了難堪的表情。

有什麼大不了的？

你可能會說：「每個組織都有競爭對手與敵人，用輕鬆的態度隨口談論他們，有什麼大不了的？」

這件事很嚴重，因為如果你允許周遭的人在別人背後對他加上刻板印象或標籤，或是暗地裡譴責他，你等於告訴他們，你也會在背後惡意批評他們。

當我們有機會為他人辯護時，我們都必須這麼做。

你等於告訴對方，你沒有堅守自己的原則；你為了獲得某些東西、樂趣或贏得人氣，不惜犧牲別人。如果你會說顧客的閒話，就很可能會說員工與供應商的閒話。

我認為抓住多數人心的關鍵，是先抓住其中一個人。當人們知道你尊重某個人，那麼在其他情況下，即使承受某些壓力，你仍然很可能會用同樣的方式對待他們。

我們在會議中經常會毒舌批評不在場的人，以貶抑他們的地位或破壞他們的信用。許多時候我會為不在場的人辯護，我不允許周遭的人在別人背後貼標籤，或是暗地裡譴責別人。

有人開始批評他人時，我會說：「等一下，我們不做道人長短的事。」我可能還會提醒大家，那個人做了什麼好事。我仍然可能會批評那個人，但我所做的批評即使讓那個人聽見了，我也無愧於心。

當你為不在場的人辯護，在場的其他人會怎麼看這個舉動？他們會認為，你也會為他們這麼做。

當然，在當下大膽直言，需要很大的勇氣。什麼都不說必然輕鬆多了。但我相信，當我們有機會為他人辯護，或是大力支持自己珍視的信念與價值觀時，我們都必須這麼做。

展現忠誠的其他方法

我們還可以透過哪些方法展現忠誠？以下是七種方法：

1. **為無招架之力的人辯護——被放逐的人、處於劣勢的人、地位較低的人、少數族裔、代罪羔羊。**我很欣賞偉大的聯合國祕書長哈馬紹（Dag Hammarskjold）所說的話：「相較於勤奮為多數人的救贖而努力，將自己完全奉獻給一個人，是更高貴的行為。」當我們照顧某一個人，會彰顯出我們的品格，同時會影響許多人。看看美國的民主社會為了保障一個人的權利所做的努力。雖然無法完全伸張正義，但我們會努力追求，這是每個國民共同的理想。我們每一個人都可以懷抱追求正義的理想。

2. **預期討論並徵求允許。**假設你事先知道，在某場會議中，某個有爭議性的人物與職務會被討論。你可以打電話給那個人並對他說：「我知道你無法出席，但我可以談論你的事，或是用這種方式代替你發言嗎？」

3. **討論後致電說明開會的情況。**你可以打電話給那個人，告訴他：「會議裡發生了這些事，大家說了這些話，我們做了這些事。」當你認為會議中的發言可能會被誤傳時，這個動作就顯得很重要。你可以說：「我希望向你說明，我的意圖與我曾說過哪些話。」

4. **想想不在場的顧客。**品質運動的重點在於顧客。企業界逐漸開始明白，他們必須尊重顧客與供應商（所有利害關係人）。

5. **提及某個人的背景或事件的脈絡。**涉及的地域相距愈遙遠，文化愈多元，愈有可能產生分歧與差異。當某個人遭到貶損或是惡意批評時，你可能需要提醒大家：「這個人來自不同的文化或背景，我們與其嚴詞批評，不如先試著理解他，姑且先相信他。」

6. **下次開會時，給這個人一個機會，解釋或辯護他的立場或處境。**每個人都希望能獲得機會，親自解釋發生了什麼事，以及事情發生的原因。

7. 指出這個人的優點。與專案團隊開會時，當我發現團隊成員開始猛烈攻擊某個他們視為競爭者的人，我會說：「我不認為他會喜歡你們對他的批判，他應該獲得更好的對待。他是我們最優秀的提案人之一。」

若有人在背後說自己的壞話，人們通常可以感覺得到。他們可能會察覺到自己的名聲遭到踐踏，敵人正密謀要加害他們。我認為這種情況比我們所知的更普遍。我想當人們被藐視時，他們通常能察覺到。

此外，我發現有許多人在暗地裡說出或漫不經心時寫下的閒話，後來遭到傳播或出版。因此，為不在場的人辯護最好的理由之一就是，你不需要擔心自己會因為那些閒話（人格謀殺、草率的評斷與糟糕的決定），而輾轉難眠。

應用與建議

- 寫下你的答案：你什麼時候曾經和大家一起在別人背後說他的壞話？這種行為對你的人格，以及別人對你的看法，造成了什麼影響？當你為不在場的人維護他的人格，在場的其他人會怎麼看你的舉動？
- 下次有人批評或談論某個不在場的人時，請拒絕參與這樣的討論。看看會有什麼結果。
- 誰需要你給他建設性的回饋？做個計畫，給這些人一些建設性的回饋意見。記錄結果以及你的感覺。
- 「相較於勤奮為多數人的救贖而努力，將自己完全奉獻給一個人，是更高貴的行為。」這句話對你有什麼意義？有哪個人需要你的全心奉獻？請寫下你能做些什麼，為那個人徹底奉獻自己。

第 13 章

成功槓桿8：相互性

有一件事是確定的，唯有透過充滿愛與關懷的另一人的反映，我們才能明白自己的美好或察覺自己的價值。
—— **包約翰**（John Joseph Powell）

相互性是首要成就的要素之一，你給予什麼，就會得到什麼。公平的概念深植於所有文化，然而汲汲營營於次要成就的人，總希望人際互動的天秤能傾向一邊，試圖占盡所有好處。這類人的處世格言是：「我可以得到什麼好處？」（WIFM, what's in it for me?）。而依循相互原則生活的人明白，如果對方沒有贏，自己也不算贏。

若你的朋友、孩子或配偶腦海中只想著：「我可以得到什麼好處？」你會面臨巨大的挑戰。在商業界，若你的員工與顧客也是這樣的人，你也會面臨類似的挑戰，得設法將人與人的關係從贏輸的單向關係，轉變為相互、互惠的關係。除非企業領導人學習培育相互性的關係，否則顧客與供應者就只會關心自己的利益。

例如在商業界，顧客服務通常是單向的關係。第一線客服人員會說：「你一給再給，而他們拿了又拿，連一句謝謝也沒有。」

他們也說：「顧客忠誠度幾乎消失了。只要市場上出現更好的產品、更優惠的價格或活動，顧客就會跑掉。即使我們盡力建立穩固的客戶關係，許多顧客仍會被較低的價格拉走。」

「很多時候，我們讓顧客加入一些優惠活動，但他們拿了好處就跑掉了。」

除非企業領導人學習培育相互性的關係，否則顧客與供應者就只會關心自己的利益。

當然，顧客的看法往往恰好相反。

「他們樂得賺你的錢，但是要他們回覆問題或電郵時，往往找不到人。」

「你付的錢愈來愈多，但得到的服務愈來愈少，從航空公司到診所都是如此。」

不再「拿了就跑」！建立相互關係的六個步驟

我們該如何確保人生中最重要的關係是具有相互性的？關鍵在於關係的屬性。若彼此的關係是建立在相互了解的基礎上，自然會產生連結，雙方也會形成互惠關係。

步驟一：先指望自己。要改善關係，不要指望別人先改變，也不要指望有捷徑可抄。先指望你自己，並誠實面對自己。要知道問題的根源在於你的品格，根本的解決之道也在於此。因此你該做的是以原則為基礎，打造內在品格與人際關係。

我們與自己的關係，會影響我們與他人的關係，反之亦然。我們與自己的關係，是我們與他人關係的基礎。當你能夠自在的與自己相處，代表你已擁有內在的平靜與和諧，自然而然就能與他人和諧相處。

例如，假若我們想與夥伴或顧客更親近，可能需要稍微改變自己的態度與行為。當我更喜歡並更尊重我自己，我就比較容易多喜歡別人一些。我能更自在的付出，降低防衛與警戒之心，更加敞開接納與尊重別人的感受。如果你曾遭到店員不禮貌的對待，通常代表著那名店員心裡很可能有些衝突尚待解決。

我們需要敞開自己並擁有同理心，才能了解別人。但沒有安全感的人往往難以承受改變看法、調整既有判斷的風險。外力、脅迫與強制的做法，永遠無法建立理想的生活與工作環境。唯有透過內在的轉化，以及依循原則創造和諧的人生，才能辦到。當我們堅守原則，為崇高的目標奉獻自己，就能逐漸且真正獲得內在的一致與完整。和諧與安全感取代了疏離與不安。安全感來自於內在，而非外在，也不是來自別人對我們的看法、我們的社會地位，或是我們擁有的財物。

日常生活中的瑣碎小事、不經意的禮節、懷著善意的行為、給與取的平凡時刻，都是對人際關係品質的考驗。我們在這些平凡小事當中，在最沒有防衛的時刻，會顯現自己的真實性格。人們往往在看似不重要的事情與最不起眼的習慣上，安全感來自於內在，而非外在，也不是來自別人對我們的看法、我們的社會地位，或是我們擁有的財物。

得以看見本位主義的心態浮現。

許多人際關係守則只是中看不中用的觀念。乍聽簡單，但只在風平浪靜時才管用。除非這些守則對我們的人格產生影響，否則只能發揮一時鎮靜與麻痺的效果。當風暴來襲，關係很容易就被摧毀。到時人們會大發脾氣、責怪與批評別人、把氣出在對方身上，退縮且變得冷漠，甚至封閉自己。

每個人都需要得到愛、理解與接納。但基於害怕自己得不到這些溫暖的善意，我們學會扮演某些角色，以保護自己不受傷害，與人溝通時處處防範，戴上面具，藉由評斷他人與為別人貼標籤，認為自己高人一等。這些行為模式使我們得不到自己需要的愛，即使其他人可能試著愛我們。

在關係中，我們的角色是成為一道光亮，而非評斷的法官。常聽到許多人說要如何克服不安與自卑，以及如何獲得自信與內在的平靜，然而卻很少人告訴我們要從品格、人生法則與計畫下手。與自我疏離，是關係破裂的根本原因。

社會文化教導我們要利用與操弄人際關係，維護自尊心，寧可傷人也不願受傷，不信任且懷疑他人，偽裝自己與採取捷徑，給少拿多，滿足慾望、自私的渴求與個人利益，必要時犧牲他人在所不惜。然而當我們超越負面的社會常態，追隨更崇高的道德法則，就可以愈來愈不受文化制約的束縛。

步驟二：創造親近連結。要在親子之間、顧客與供應者之間形成連結，關鍵在於雙贏思維。當連結形成後，顧客會說：「你可能比我們更了解我們的需求。我們只了解自己目前的需求。在某種意義上，我們基於自己的觀點而看不見某些東西，而你們的視野比較廣闊。顧客讓你們來解決我們真正的需求與未來的需求，但也會幫助你們更了解我們，以及更加了解你自己。」

當對話產生後，就有更多洞見從雙方的關係中湧現。一旦你與某個人或公司形成連結，你就很難對他說：「我可以得到什麼好處？」連結愈深，你們就愈關心對方，會為彼此多做一些額外的事。與他人形成強烈連結與互惠關係的人，是自私不起來的。連結與自私是兩個相斥的概念。

步驟三：分享知識與資訊。你要有意願與對方互相分享資訊，以及分擔問題與挑戰，並且試著了解對方，尋找方法協助彼此。與對方進行像這樣的對話：「我發現你在這個領域正面臨降低成本的挑戰，我們從經驗學到……」

與自我疏離，是關係破裂的根本原因。

「我們在這方面也遇到了困難，你們從過去的經驗學到了什麼嗎？」人際關係幾乎都是透過溝通與試圖了解彼此，而有所進展。

我曾問一群執行長：「你們誰有做過三百六十度全方位績效回饋或評估？」結果他們大多數都有做過，但其實這種情形相當罕見。他們都是傑出的領導人，對他們大多數人來說，股東關係與股價，以及員工關係與公司獲利，是緊密連結的，全都整合為一體。他們知道這是一個生態系統。供應者與顧客之間的互賴關係，在現今的世界裡已被凸顯得愈來愈清楚。

步驟四：考慮到與所有利害關係人的關係。如果你只聚焦於特定的利害關係人，而忽略了其他利害關係人，你可能會犧牲員工，選擇讓顧客滿意，而非讓所有利害關係人滿意。有效能的主管不會想要占員工的便宜，因為員工是公司的供應者。人與人之間都是供應者與顧客的關係。我是我的顧客的供應者，我也是我的供應者的顧客。我滿足你的需求，你滿足我的需求。說到底，商業行為的核心是人際關係。當然，它仍涉及技術層面的東西，但我認為，處理人（所有利害關係人）的需求是比較好的想法。沒有誰比誰更不重要。我有時會遇到一些公司，他們與顧客的關係好得不得了，但對待供應商的方式卻非常糟糕。他們以大小眼對待不同事物，甚至透過汙染環境、遺害下一代，或是忽略社會大眾的需求，殺雞取卵。

步驟五：關懷第一線人員。對服務業而言，第一線客服人員是致勝關鍵，卻往往遭到管理階層的不當對待與利用，而且得不到應得的賞識。假設你是領導人，該如何與客服同仁建立良好的關係，使他們能提供絕佳的服務？答案仍然在於相互原則。你需要明白，客服人員被夾在中間，遭到顧客要求與公司營運政策的夾攻，無依無靠的處於對峙地帶，需要獲得理解與賞識。舉例來說，我曾目睹空服員在機艙後方向同事哭訴，說自己遭到公司無情對待。然後，她將此無情對待轉嫁到乘客身上。

鮑威爾將軍（Colin Powell）曾提到某位將軍的領導風格：「他是個嚴厲的監督者，總是能達成任務，但卻是透過強制的做法，而非激勵人心。幹部會議成了他滔滔不絕訓話的場合。視察變成了審訊。無止境的負面壓力使指揮官與幹部筋疲力竭。」

相形之下，鮑威爾將軍的同袍兼導師里歐弗克將軍（Bernard Leoffke）與前者形商業行為的核心是人際關係。

成了強烈對比，他的領導風格創造了一種可以鼓舞士氣的袍澤精神。在越戰時期，里歐弗克將軍在前線札營時，為了獎勵表現優異的士兵，會允許他們每人可到將軍帳棚住一晚。有哪個士兵不會為這種領袖賣命呢？

步驟六：選擇慈悲，而非「一報還一報」。莎士比亞在劇作《量．度》（*Measure for Measure*）與《威尼斯商人》（*The Merchant of Venice*）中，探討了強索「一磅肉」與一報還一報的道德難題。在《威尼斯商人》的尾聲，美麗的波西亞用充滿詩意的話語，說明了慈悲為何物：「慈悲是強迫不來的；它猶如天賜甘霖潤澤大地。它是雙倍的福份；賜福給施予的人，也賜福給接受的人：它是力量中的力量；是比王冠更尊貴的國王本人：權杖只能展現一時的力量，是令人敬畏的威嚴象徵，但權勢裡卻暗藏國王的恐懼；然而慈悲遠遠超越權勢；它端坐在國王心裡，象徵了神性，塵世的權勢唯有結合慈悲與正義，才能與神的力量相比擬……。若一切只依循正義，那麼無人可得到赦免：我們都祈求得到慈悲；而這樣的祈求也教導我們，要以慈悲待人。」

我們要明白，別人和我們一樣，同樣需要愛、理解與慈悲。這些簡單的原則永遠適用，使人與人之間形成連結，踏上通往首要成就之路。

老顧客出手相救

相互關係建立後，顧客有時候會團結起來，支持甚至是拯救岌岌可危的企業。多年前，泛美航空的營運開始出現狀況。我認識幾個對泛美非常忠誠的老顧客，他們希望能幫助這家公司度過財務危機。有些人試著出手相救，但其他人則是在泛美做最後的垂死掙扎時，趁著大減價大占便宜。泛美的領導人並沒有真正組織與集結顧客的支持，或許是因為他們低估了，公司在無數顧客心中的情感帳戶多年來所累積的資產價值。

偶爾還會看見這樣的例子：企業領導人在公司面臨危機時，坦誠把實情告訴所有利害關係人，期望他們能出手相救。遺憾的是，當公司度過難關後，這些領導人往往把曾經救過自己的那些人與原則，忘得一乾二淨。

在政治界也有同樣的情形。有些政治人物一開始民調下滑，在某些選民出手相建立在原則之上的交易，自然會產生好的結果。善行永遠不會白費。

救，順利獲得重生的機會後，他們就故態復萌。

相互關係會給我們合理的投資報酬。犧牲奉獻終究會得到回報。長遠來說，要怎麼收穫，先怎麼栽，這是不變的法則。犧牲奉獻對人心影響甚巨，且通常會用十倍的報酬奉還。

商業界只存在兩種角色：顧客與供應者。我們每個人不論是外在還是內在，總是在扮演這兩種角色。再次強調，商業行為的精髓是關係。建立在原則之上的交易，自然會產生好的結果。善行永遠不會白費。

你或許可以一時欺騙顧客、孩子或選民，但你騙不了自然法則。自然法則會記下每一筆帳。

相互法則就和地心引力一樣，效力永恆不變。一旦違反，必得承擔苦果。在生命中的每一刻，我們都在承擔自己平日所作所為的後果。

應用與建議

- 當我們能自在的與自己相處，自然而然就能與他人和諧相處。「當我更喜歡並更尊重我自己，就比較容易多喜歡別人一些。我能更自在的付出，降低防衛與警戒之心，更加敞開接納與尊重別人的感受。」你能否自在的與自己相處？又在哪些方面遇到了困難？你能採取哪些步驟，改善你對自己的感覺？
- 「日常生活中的瑣碎小事、不經意的禮節、懷著善意的行為、給與取的平凡時刻，都是對人際關係品質的考驗。」在個人日記寫下：你今天能做哪些小事，以改善在職場與家中的某個重要的人際關係？採取行動，並記錄結果。

第 14 章

成功槓桿9：多元性

父母應該在孩子年幼時教導他們明白，多元事物中蘊藏著美與力量。

—— **安哲羅，美國作家與詩人**

擁有次要成就的人往往想複製自己；他們結交與自己相似的朋友，只聽與自己的看法相仿的意見，難以容忍與自己相異的想法、生活背景、教育背景、經驗等等。相似性會拖住你，榨乾你的能量。擁有首要成就的人會尋求多元性。受限的資料與狹隘的思考方式是成功的最大殺手。欠缺多元性就不會有統合綜效，欠缺統合綜效就不會創造新事物。

我發現在今日的許多組織中，當人們在團隊中努力面對彼此的差異，同時力圖維持具生產力的正向關係時，反而產生了負綜效。這種關係中的負面動力通常會扼殺創造性。人們想知道該如何扭轉不良的關係，以獲得更多創造性、創新的思考方式，以及正面的結果。關鍵在於停止複製你自己，開始看見多元性的價值。

建立互補團隊

將與自己相似的人網羅在一起，而非創造一個互補團隊，是人的天性。但複製更多的自己，只會抑制了團隊中其他人的才能與天分，產生負綜效。另一方面，建複製更多的自己，只會抑制了團隊中其他人的才能與天分，產生負綜效。

立一個互補團隊，大家擁有共同的目標，但容許不同角色、看法、方法與途徑存在，則可以使每個人充分展現才能，釋放正能量。

人們想複製自己的傾向為何如此普遍與強烈？這是因為**團隊中若都是同性質的人，能帶給領導人安全感。當所有人的思考、行為、言論都與你相似，一切以你為依歸，引用你說過的話，穿著儀表向你看齊，你就會覺得自己的領導人身分獲得認可，藉此肯定個人價值。然而他們對你說的，只是你想聽的話，而不是你需要知道的事情。**你可以得到某種人為的和諧、順從或一致性，但得不到太多的創造力、統合綜效、團結或安全感。複製的欲望來自欠缺安全感，以及以大眾意見為依歸。

基於經濟需要，許多企業都學到相同的原則。事實上，我發現今日的大型組織大多非常看重多元性與統合綜效。當我看這些組織的報告，或聽他們的領導人談話，每個人談的都是團隊、多元性、統合綜效與創新。這些原則對於要在全球市場交出漂亮的成績單，至關重要。有愈來愈多領導人意識到，受限的資料與狹隘的思考方式是成功的最大殺手。

他們明白相同不代表眾人一心，一致並非團結。比較理想的做法是形成互補團隊，讓擁有不同才華的人團結在一起，大家擁有相同的願景與目標，但容許不同的角色、看法、能力與職責存在。根據我的經驗，除非團隊有一個超越性的目標與共同的價值體系，否則差異性將會帶來負面的力量與反效果，而非正面的力量與統合綜效；假若能在基本原則上取得共識，就能在其他方面互相容忍差異，但仍保有統合綜效。

找出超然的目標

舒馬克（Eric Schumacher）在他的經典著作《迷途指津》（*A Guide for the Perplexed*）中，談到了聚斂性（convergent）與擴散性（divergent）問題。聚斂性問題類似於汽車拋錨的問題。如果汽車出現機械故障，只要四處檢查，直到你的診斷過程聚斂在某個問題根源上。至於擴散性問題，你愈是研究，觀點愈是發散，意見的差異性愈大，失敗機率也愈高，除非你們共同擁有一個超然的目標。

什麼是超然的目標？舒馬克用知名的法國格言「自由、平等、博愛」來說

如果兩個人的看法完全相同，其中一人必定是多餘的。

明。如果你深究平等與自由的概念，會發現此二者屬於擴散性的價值觀，發展方向恰好相反。平等意謂每個人得到相同的對待，而自由意謂每個人有權利與眾不同。高於這兩個概念的價值觀是博愛。因此，當你以愛或博愛做為超然的價值觀，自由與平等就不再有衝突。

遇到擴散性問題時，你需要找出與這問題相關聯的超然目標，然後尋求統合綜效。

我太太和我曾經找營建商與建築師一起商討問題。

我問營建商：「你覺得建築師的想法如何？」他說：「我覺得不錯。」我問：「你的感覺是什麼？」他說：「嗯，如果他覺得好，我也就沒問題。」我再追問：「你真正的感覺到底是什麼？」他說：「嗯，我想，我覺得相當好。」我說：「那麼我們就不需要你了。」

「這話是什麼意思？」

我回答：「如果兩個人的看法完全相同，那麼其中一人必定是多餘的，因為這樣不會產生綜效。若你不坦白說出個人看法，我們就無法從你這裡得到有益的想法，或是達成團隊合作。」

在那之後，我們的商談就開始產生綜效，因為大家都有話直說。即使有不同意見，也都能從正面觀點看待。

我們有相同的目標；雖然每個人的觀點不同，但我們都為這計畫貢獻出一些獨一無二的東西。這些獨特的見解成了優勢，使具有綜效的新選項得以產生，而這個選項比我們每個人原先的點子都更好。

安全感為統合綜效之母

不論是蓋房子、設計產品、提供服務，或是挽救婚姻，了解個別差異的價值以創造統合綜效的原則都適用。

如果我們相信這個原則，為何不經常使用它？我們不常在計畫或關係中達成統合綜效，主要的原因在於，個別差異會威脅到個人的安全感。若我們需要覺得自己是正確的，才能獲得安全感，那麼這樣的安全感是非常脆弱的。

每個人即使觀點不同，但只要有相同目標，就能貢獻出獨一無二的東西。

你需要將個人安全感建立在共有的願景、共同的目標，以及以原則為基礎的正直之上，才能真正重視與欣賞人與人之間的差異。如果你能做到，你就能隨機應變、自我調整、流動、改變，並且可以輕鬆的承認「我錯了」，因為你知道整件事並不是針對你。然後你就可以變得非常正面與樂於支持。

我兒子約書亞曾在他就讀的高中，參加新生美式足球校隊四分衛的甄選。有一天他告訴我，他覺得自己的表現為他帶來了自信心。我告訴他：「如果你的自信心不是來自美式足球，而是來自遵循正確的原則，你的自信心就會為你帶來好表現。正確的原則指的是，關心隊友、有團隊精神、每天進步一點點、對教練絕對誠實，以及學習了解個別差異的價值，以創造正能量與團隊綜效。」

我不太確定他有沒有聽進我的話。但在一個星期後的比賽中，先發四分衛在前半場的表現被教練罵得很慘，導致他在中場休息時間在休息室徹底崩潰，不想再打下半場比賽。

我兒子後來告訴我：「我不是很想上場比賽，因為他是我的好朋友，我很在乎他。但我後來覺得，我也很在乎整個球隊，也想為球隊盡一己之力。」

於是，他與他的朋友和教練一起討論，如何將他朋友的優點（速度、力量與體型）與他自己的長處（敏捷與傳球能力）互補。他這麼做是因為非常在乎他的朋友，而且希望幫助朋友成長。

我們都需要將身分認同、安全感與自信心，建立在表現、地位或公眾意見之外的事物上。假如我們有共同的願景與使命，我們就能將自己的身分認同建立在超然的目標以及正確的原則之上，團結在一起。我們同時需要目標與原則，以及願景與價值觀。如果我們的使命宣言只關乎原則，我們可以有好表現，但為了什麼有好表現？如果我們有願景但沒有原則或價值觀，我們或許可以爬到頂端，但當我們墜落時，會連帶拖累許多人。

容忍差異、欣賞差異

傳奇性的保險公司主管葛雷（Albert E. Gray），終其一生尋找他所謂的「成功的公分母」。他最後得到的結論是：「**所有成功人士的成功祕訣是：養成習慣，去做失**

敗者不喜歡做的事。」成功人士未必喜歡做這些事，但為了達成目標，願意把自己的好惡擺在一旁。

每個想要追求首要成就的人，都要能夠啟發自己的願景，並找到超然的目標。當他們與別人合作，尋找做事的方法時，必須放下對自己的看法或方法的執著，並願意欣賞個別差異。

有一天我在公司開完董事會後，突然意識到，我們所有人是為了一個共同的目標團結在一起。每位董事都表達自己的意見，而大家對於達成目標的方法看法非常分歧。但我在會議中感受不到任何負面的氛圍。

假如我們之間有超然的目標、共同的願景，以及相同的使命，就能容忍差異，而且這些差異會成為我們的優勢。事實上，我們需要這些差異，否則就會因為不完全的資料與觀點而受到限制。

若欠缺差異性，你就只能擁有自己的觀點、經驗與價值觀，透過狹窄的濾鏡看公司與婚姻裡的每件事。

要在二十一世紀的商業世界生存，我們需要與他人合作，傾聽員工與顧客的想法，建立夥伴關係。而這些都需要仰賴多元性，以及欣賞個別差異的價值。

統合綜效的果實

統合綜效的美好果實包括品質提升的產品、服務與關係。你會看見，最後的成果比所有部分的總和更豐富。透過真正的創造性合作所得到的成果，是無法靠一個人的力量完成的。你給一小群人一個怎麼看都不可能達成的極具挑戰性的目標，請大家一起合作，就會找到解決問題的新方法。

統合綜效的另一個好處是，使人連結在一起。當你和我一同創造出一個新的東西，我們就能共同擁有創造性的體驗，這個回憶會把你和我緊密相連。

你是否曾和孩子擁有創造性的體驗？那次體驗對你們的關係產生了什麼影響？當我和每個孩子個別約會時，我沒有任何既定的想法，而是讓孩子決定要做什麼，然後我們一起做些獨特又好玩的事；事實上，我的女兒可琳有好幾本日記，裡面寫滿了她與爸爸共度的時光。

多元性的彈性是有範圍的，也就是最好建立在原則之上。

統合綜效另一個很棒的好處是，可以形成文化的免疫系統。我們會開始對問題或差異免疫，因為文化裡已經有抗體。我們的文化無懼分歧，因為早已打過這場仗，而且打了勝仗。

最後的提醒

一位有智慧的父親在兒子尋找結婚伴侶時提出忠告：「你現在最好盡可能找一個和你最相似的人，因為你們將來一定會發現許多相異之處。」這個忠告非常有道理。我看過許多企業將大量的差異性與多元性納入公司，但難以處理層出不窮的分歧狀況，因為他們欠缺基本的共同點。

最重要的共同點是理念、目標、價值觀與看法，而非種族、宗教、性別或國籍。舉例來說，假如你和你的配偶對於教養孩子的基本目標不同，若採取不同的教養方式，有可能使你們的婚姻破裂。即使有共同的願景與使命，你們的溝通仍會面臨許多難題。不過，只要你們兩人把焦點放在更高層次的價值觀，就會找出第三個選項，或是某個人會說：「好吧，這件事對我不是那麼重要，我們就用你的方法吧。」

許多公司在推行多元計畫時，經常感到不順利，原因在於領導人雖然知道公司需要多元新血，但在聘雇與決定升遷時不夠謹慎。你若為了跟上多元的潮流而採行多元計畫，很可能會淪為做表面文章。更糟的是，你找來一群沒有做好準備的人從事重要任務，也許會為公司製造一個炸彈。我們有強烈渴求時，往往會輕易相信眼前的事物。如果急於獲得多元性的好處，就會飢不擇食，最後得到的歧異可能會大於統合綜效。

我想說的重點是，多元性的彈性是有範圍的。你們必須在核心議題上有真正的共同點，而不是將多元性無限上綱。你們必須有共同的目標與價值觀，而那些價值觀最好是建立在原則之上。當你忠於更高層次的目標與原則，就可以得到最實在的安全感。

應用與建議

- 在個人日記寫下：所有的團隊成員有相似的想法、行動與穿著儀表，會帶來什麼危險？你曾見過什麼樣的實例？
- 在一個互補團隊中，擁有不同才華的人團結在一起，大家擁有相同的願景與目標，但容許不同的角色、看法、能力與職責存在。你能做些什麼，使你的團隊變得更具互補性？有哪個人的才能被忽視了嗎？哪一種集體思維絆住了你？你的團隊欠缺什麼樣的人才？
- 描述你曾參與的某個極具創造性或統合綜效的體驗。其他人在那個活動中扮演了什麼角色？你該如何重現那樣的情況，再次創造統合綜效？

第 15 章

成功槓桿 10：持續學習

停止學習的人是老人，不論他正值二十歲或八十歲。持續學習的人永遠是年輕人。

—— **亨利・福特，福特汽車創辦人**

當你追求次要成就時，你不太會視學習為必要，但學習是首要成就的必要元素。在企業裡，不持續充實技能與知識的人，遲早會失去他人信賴。

此外，學習是一種所謂的「基本之善」（primary good），其自身就具有價值。對於學習的熱愛與智慧的追求，可使人生變得有意義。對於生命中重要的人以及我們自己，都需要盡道德義務，不斷學習與進步。

在個人與組織發展之間取得平衡

我們經常談到職場中持續進修的必要，卻鮮少將之視為人生的原則。持續學習可以拯救你的人生，如果沒能做到，很快就會被淘汰。

我認為每個人在職場之外，也有學習與進步的義務。終身學習指的並非某個活動、計畫、學位與證書，而是在日常生活中每天學習一點東西，以及簡單且適切的在職訓練。每天學一點新東西，可使你在職場保持最佳狀態與重要性。

平衡原則是持續學習的關鍵。我建議你在個人與組織發展之間取得平衡，例確保你學習與成長的動機，是基於服務大眾的渴望。

如，目前的職務需求與未來的需求之間的平衡，以及業界相關的學習與一般進修之間的平衡。不論是個人或專業上的學習，請務必採取有系統的方法，並參考他人的回饋。你的學習也該在理論與實務之間，以及人文與科學之間取得平衡。

此外，請確保你學習與成長的動機，是基於服務大眾的渴望。哲學家亞當・斯密曾在著作《道德情操論》（*The Theory of Moral Sentiments*）中提到這種良善的意圖，這也是首要成就的一大要素。有太多的組織利用員工既有的知識與訓練，而不為員工提供培養與訓練；同樣的，許多員工也濫用了組織提供的教育訓練機會。

個人與組織都要為這種「拿了就跑」的做法付出代價。因此，雙方都必須負起責任。

組織投資許多資源在員工的學習與發展上。我認為員工在接受組織提供的訓練後，要將所學回饋給組織。亞當・斯密認為，個人與組織都必須啟動這種良善的能量，雙方必須覺得對彼此有責任。自由企業制度若要正常運作，所有的經濟關係必須建立在對彼此的善意與關懷之上。

企業提供在職訓練的責任

當我評估企業的需求時，我可以清楚看見，若不創造持續學習的文化，讓知識工作者持續提升技能與更新科技技術，企業就會喪失競爭力。

根據我的估計，有百分之二十的現有勞動力會被淘汰。假如我們的社會不改變普遍的心態，還是認為從學校畢業後就不必再學習，那麼再過十年，還有百分之二十的人要被淘汰。我們需要認真的持續投注心力於個人與專業的成長。

麗思・卡爾頓酒店共同創辦人舒茲（Horst Schulze）提倡每日訓練。他相信人需要每天學一點新東西。他們會在酒店進行簡短的每日在職訓練，主要是讓所有員工進行互動式對話。酒店主管每天會根據員工的需求，將總部提供的訊息加以調整，再傳達給員工。

這種對整體勞動力進行系統化訓練的做法，應該大受讚賞。但我可以想像，舒茲應該經常聽到有人說，這種訓練方式的成本太高。不過，毫無疑問的，在現今動盪的大環境中，不這麼做的成本會更加高昂。我想，任何一種成本效益分析，最後訓練員工的成本很高。不過，在現今動盪的大環境中，不這麼做的成本會更加高昂。

都會站在持續訓練與進修的那一邊。

儘管如此，許多人仍然看不見持續學習的價值。多數企業主管不願投資於系統化的訓練與發展。由於高層不投資，他們的員工、產品與組織就可能面臨被淘汰的命運。當競爭環境將他們的組織淘汰時，他們也失去了保障。

今日的工作保障已不再建立在終身聘雇的默契之上，而在於我們是否有能力持續創造市場需要的東西。但市場的需求不斷在改變，除非我們不斷學習、改變、成長與進步，隨時跟上市場的步伐，否則將得不到任何保障。工作保障來自持續學習的能力。

個人持續學習的責任

員工必須為自己的事業發展負起責任，而不是全推給組織。積極的人會透過組織取得資訊，以了解在職場最需要學習的技能是什麼，但他仍必須靠自己學習。

積極的人會為自己的學習與事業發展負起責任，並將組織視為輔助性資源，既不會把主要責任推給組織，也不會期待組織無限度的提供工作上需要的所有學習與訓練。不過，他們會在機會出現時，盡可能接受所有相關的訓練，然後透過傑出的貢獻，回饋組織。

公司能做的有限，其他的就各憑本事了。身為員工的我們應該在規劃個人與事業發展時，考慮到組織的需求。否則，我們可能基於錯誤的理由或是在錯誤的時機，發展個人技能。我們的個人發展應該與整體經濟、產業、公司，以及目前的職務相關聯。

然而，我們也需要培養全方位的能力，以免當自己棲身的公司或技能被淘汰時，自己也跟著被淘汰。假如我們只發展與工作相關的能力，就容易受市場的變化主宰。

我們一方面需要在目前的工作崗位上成為稱職的專業人員，另一方面需要持續進行個人的一般進修。

我認為最好的做法是，每天在工作時間用一、兩個小時，以及每個月花一天，進行有系統的訓練，這些訓練提供的知識不僅與現有的職務、也與未來的貢獻相關我們應該在規劃個人與事業發展時，考慮到組織的需求，也需要培養全方位的能力，與時俱進。

聯。

以我為例，我每個月為自己安排一天的專業訓練，每天也撥出一、兩個小時的時間，進行一般進修。

培養關鍵能力

下列是一般人都能接觸到的、與工作相關的學習選項。

- **分析與綜合的研究技能。**知識工作者（包括在工廠工作的知識工作者）需要不斷精進自己的思考能力，尤其在蒐集、分析與整合資料方面。資料分析是本世紀必備的技能之一，例如當我們公司進行某個專案時，有個粗淺的分析指出，某項新產品將來可以熱賣。然而有名受過良好分析訓練的員工，在幾小時後得出一個不同的結論。我們後來很快就清楚看出，那個產品在市場上的接受度不會太高。

- **個人閱讀。**光靠你過去在學校受過的教育與訓練是不夠的。你必須隨時跟上商業世界的步伐，閱讀《哈佛商業評論》、《財星》，以及其他提供深入分析的刊物。我也推薦你閱讀一些商業週刊與報紙，例如《商業周刊》和《華爾街日報》。此外，請務必略讀科學、經濟、政治與藝術方面的知名期刊。規模較大的社交媒體，會對世界商業動態提供即時且發人深省的分析。閱讀最新的傑出商業與管理書籍，也非常重要。
- **閱讀經典文學作品。**特別列出這一項，是因為我認為個人學習計畫應該納入偉大的文學經典作品。我自己在大學時期錯過了一些東西，因此過去這些年來，我一直試著彌補這一塊。我有兩個孩子在大學主修英文，他們讀了許多偉大的文學經典。我發現這些訓練為他們帶來了獨特的觀點與智慧。
- **個人大學。**為自己打造專屬的大學。上網找TED論壇影片與「磨課師」（MOOCs，大規模開放式線上課程），拓展學習領域，同時獲得重要的洞見。加入讀書會，線上或實體皆可。在現今的世界，每個積極的人都有能力為自己的學習與事業發展負起責任，打造專屬於你的大學，為自己開課。

應用與建議

- 你是否致力於持續發展個人的能力與事業？寫下你的答案：你需要增進哪方面的知識或技能？可能會遇到哪些障礙？你該如何排除障礙？又可以善用哪些學習的機會？設定一個學習目標或里程碑，例如：「在　年　月　日前，我要取得＿＿＿證照」或是「在　年　月　日前，我要完成＿＿＿線上課程」。
- 善用豐富的線上資源，打造專屬於你的大學。設定有助於學習持續進行的目標導向流程。你需要隨時跟上進度的網站、期刊、播客（podcast）或會議有哪些？為你需要追蹤的網站加上書籤，每星期撥出時間查看這些資源。

第 16 章

成功槓桿 11：自我更新

說出的話就像高空掉落的雞蛋，無法收回，也不能無視砸到地上造成的髒亂。

—— **柯維**

如果你疏於照顧自己（你的健康、心智、情緒與精神生活），就無法創造首要成就。

生活中的這些重要領域，需要你持續、甚至每日加以更新。每天運用這個槓桿，可讓你延遲漸進式或甚至是災難性的個人能量衰退，還可以挽救你的性命。

多年前我開始教導學生與企業主管每日與每週更新的原則。這個原則後來被納為《與成功有約》的第七個習慣：不斷更新。林肯曾說：「如果我只有兩個小時可用來砍一棵樹，我會先花一個小時把斧頭磨利。」這句話有許多版本，但意思都一樣。

這個道理或許淺顯易懂，但我們仍看到許多人忙著鋸東西（工作、生產、表演、做事），卻從不（或很少）停下手上的工作，先把鋸子磨利（休息、再創造、讀書、準備、反省、重新思考、更換工具、恢復元氣），或是投資買一把高科技的新電鋸，只一味使用欠缺效能的工具，好比糟糕的社交技巧，以及遲鈍的腦袋、疲累的身軀與耗弱的心靈。

我鼓勵大家透過四個假設，面對人性的四個面向：生理、心理、社交與心靈。

當你在這四個面向定期自我更新，就能在個人與事業層面，獲得最高的個人綜效。

生理假設

想像你心臟病發過一次（個人），或經歷過創業失敗（事業）。

根據這個假設，你應該透過充足的運動與營養的飲食，小心且明智的照料自己的生活起居，讓自己擁有更長的壽命，享受充實的人生。心臟病發作過一次的人，大多會大幅改變自己的生活方式。

以我的朋友達樂頓（Gene Dalton）為例。他在哈佛商學院研究與教書時，接連經歷幾次嚴重的心臟病發作。在那之後，他徹底改變了自己的生活方式，選擇一份壓力較小的工作，結果因此多活了二十五年。他轉到楊百翰大學任教，在那裡主持了二十五年的領導力訓練。有一次，我在亞特蘭大的機場遇到他，看到他利用候機時間在機場大廳爬樓梯。每天運動徹底改變了他的人生。此外，他對飲食也非常小心。他需要嚴格約束自己，但他有很強的動機，因為沒有其他的選擇了。

心理假設

想像你的知識（個人）與技能（事業）將在三年內被時代淘汰。

當你做出這個假設（順帶一提，這個假想再真實不過），你就需要開始認真進行有系統的研究與閱讀；你不會停留在既有的狹隘興趣、專長或舒適圈裡，而是會離開舒適圈，在自己的專業領域裡進行廣泛且深入的閱讀與思考，同時思考目前正在改變世界的破壞性力量有哪些。你必須學習策略性思考，讓自己有能力檢視潛藏在你的專業領域裡的假設與思維模式，因為這些假設與思維模式有可能會被新的模式、流程或產品淘汰。胡亂聽一些播客或有聲書這種碰運氣式的學習與外在動機，可能有點效果，但並不夠。我建議你可以試著閱讀幾份專業領域外的期刊，例如可引發你深思的刊物，試著做一個月。不斷擴大你的胸懷與視野。透過主流線上資源、期刊與書籍，閱讀大量文章。

當你檢視自己的事業前景，請謹記於心，前方必定有危險，致命的意外有可能會發生。現在就採取防範措施。為你想要的未來做好準備。

學習策略性思考，讓自己有能力檢視潛藏在你的專業領域裡的假設與思維模式。

社交假設

想像你所說的關於他人的每句話，都會被當事人聽見，包括發生在家庭（個人）與職場（事業）的對話。

當你覺得對方彷彿會聽見你說的話時，你仍然可能會批評這個人，但你的批評會變得比較負責任且有建設性。何不在任何時刻，都把這個假設當真？如果你希望在場的人都信任你，同時忠於不在場的人，**請記住：玩火自焚，不負責任的批評與中傷會摧毀個人與文化的品格。**

我曾在《科學人》雜誌中讀到，科學家正在開發讓聲音復原的科技。這則訊息為以下這句關於閒話的古諺，帶來新的意義：你所說的每句閒話，將會在屋頂上被廣播出去。一旦你採用這個原則，就會在自己所有的人際關係中變得更負責任，進而對每件事以及與你互動的每個人，產生有益的影響。

心靈假設

想像你即將與你愛的人和愛你的人（個人），以及你的老闆和團隊隊友（事業），當面結算總帳。

在這場會談中，你要為你的管理工作結算總帳：你是否好好照顧身體健康與維持身材；是否好好運用與增進自己的知識與技能；是否真實與忠誠的對待他人，尤其人前人後言行一致；是否好好提升自己的心靈生活。同樣的，也假設你即將與老闆和同事進行類似的會談。當然，你們很可能已經在年度考核時做過類似的事，但這個三百六十度評估同時會將你對自己的績效的看法，列入考量。最關鍵的問題是：「對於你必須處理的事，你做了些什麼？」

時時自我更新，保有強大優勢

這四個假設的效用為何如此強大？如果你按照這些假設行動，就會開始把要改變思維模式比改變行為或態度更為有效。

事放在第一位。

為什麼？因為你的思維模式會發生巨大轉變，並開始從全然不同的觀點看待周遭的一切。

改變思維模式比改變行為或態度更為有效。如果你接受這些假設，將會發現四個面向之間有密切的關聯。

當你照顧好身體，就改善了創新思考的基本條件。當你在說話時顧慮到被評論者的感受，就會改善你的人際關係，同時提升心靈層次。每個假設也會帶來各自的好處。

1. **生理層面**。維持身體健康不僅可以延長壽命，還能提升生活品質。你會有比較長的時間覺得自己處於最佳狀態，也會拉長事業的高峰期。許多健康的年長者在人生的最後幾年，完成了畢生的傑作與造福後人的事蹟。
2. **心理層面**。持續研究與學習可讓你做好準備，隨時迎接未來出現的機會。雖然你處於景氣動盪之中，持續自我更新可助你掌控大局。然而，假若你停止學習，尤其在對事業發展至關重要的領域，你很快就會被淘汰，也極可能採取受害者心態，開始怪罪組織。但實情是，你因技能已過時，無法再為組織創造價值。

3. **社交層面**。你與朋友和同事互動時，將會變得更有同理心，並創造更多綜效。當你開始顧慮別人的名聲與名譽，你就會從他人的觀點看事情，並試圖了解他們。你也會獲得必要的勇氣與信心，表達自己的看法並尋求他人的理解。最後，你們就可以一起完成有意義的目標與計畫。

4. **心靈層面**。你會擁有內心的平靜，並對自己的能力產生新的信心。當你假設自己的生命可能在任何時刻結束，就會鼓舞你在抉擇的關鍵時刻，做出正確的決定。當你選擇去做對的事，就會獲得內心的平靜。此外，還有一個附帶的好處，你會對自己的能力產生新的信心。透過持續更新，你會擁有充足的能力，傾盡全力達成個人與事業的目標。

應用與建議

1. 在個人日記寫下，你對下列情境的反應：

- 想像你已經歷過一次嚴重的心臟病發作。接下來你會改變些什麼？
- 假如你知道，自己的知識將在三年內被淘汰，你會做些什麼？
- 假如你知道，談論別人的每句話最後會被當事人聽見，你會如何改變說法？
- 假設你即將與老闆和同事當面會談，你會如何回答這個問題：「對於你必須處理的事，你做了些什麼？」

2. 想想這些「利其器」的好方法：休息、再創造、讀書、準備、反省、重新思考、更換工具、恢復元氣。你要如何將這些納入每日與每週的優先目標？從每週計畫中排出時間，在四個重要的領域：生理、心理、社交與情緒，以及心靈「利其器」。

第 17 章

成功槓桿 12：教學相長

如果你想造一條船，不必召集眾人採集木材，也不必指派工作，只要引導他們渴望無限遼闊的汪洋大海。
——**聖修伯里**

要將成功的槓桿內化成每日的習慣，最好的方法是什麼？答案很簡單：教導別人這些原則。在教導別人的過程中，你對這些槓桿的了解會愈來愈深入。人們會以你為指標，你會成為追求首要成就的典範。

故事要從一九七五年說起，當時我選修了龔老師（Walter A. Gong）的一門關於教學方法的課，他是來自聖荷西州立大學的客座教授，這門課教的基本觀念很簡單：學習的最好方法就是去教別人。龔老師與家人每天遵行這個原則，這一點令我非常佩服。每天吃晚飯時，龔老師會請兩個兒子和女兒將當天在學校學到的東西，把重點教給他。結果如何？三個孩子後來都得到獎學金，成為羅德學者，分別取得牛津大學、史丹佛大學與佛萊契爾法律外交學院（Fletcher School of Law and Diplomacy）的博士學位。

這道理不證自明，大多數人都能心領神會，但商業界與教育界卻不常運用。然而在訓練與發展的領域，我所知道的最重要的觀念，就是教學相長。

在龔老師提出的學習歷程中，每個學習者都要扮演三個角色：第一，抓住或了解核心資訊的人；第二，為了達成個人實質的目的，將知識擴展或應用在自己的生學習的最好方法就是去教別人。

活中；第三，為了他人的獲益與成長而教導這些知識。當人們把自己學到的東西教給別人時，會讓自己進步神速，因此每個人必須同時將自己視為學生與老師，承擔所有的責任與義務。

當我在一九七〇年代開始採行教學相長的原則時，我自己的學習狀況突飛猛進，教學成果也獲得提升。我不僅找到方法教更多學生，而且接觸到更多的人，發揮莫大的影響力。

一開始，我在大學開的課只收二十至二十五名學生。到了後來，我每學期的學生人數增加到五百至一千人。課程的師生比變成一比一千。而教學相長原則使我能將這個比例降至一比一。

大多數的時候，學生的成績變得比較好，因為必須彼此進行一對一教學，學生在大班制裡反而比小班制學到更多東西。

我的同事和我也將此原則應用在工作坊，請學員將自己學到的東西教給同學。這個簡短的練習讓學員體驗到，他們的學習速度加快了，同時讓他們的學習與應用狀況突飛猛進。

當你知道自己接下來要教導別人，你的學習情況就會提升許多。

如何抓住學習的重點

大多數人並不知道如何抓住與傳達學習內容的精髓。龔老師教導我們，根據五個標題做筆記。

1. **目的：**試著辨識老師或解說者的主要目的是什麼。即使他的表達方式不是很有條理或不太熟練，你仍能藉由這個問題，組織自己的思緒與筆記：「解說者的目的是什麼？」
2. **重點：**重點或核心訊息是什麼？
3. **證實：**老師提出了哪些證據或例子？他如何證實他的論點？
4. **應用：**這些重點如何應用在生活中？
5. **價值：**老師為教學內容注入了多少價值？

當你知道自己要教別人，就會有更強的動機把東西學好。

教學相長的四個好處

若能妥善運用以上原則，有四個優點：

1. **教別人時會學到更多。**主要的原因在於你的思維模式改變了。當你將自己視為老師，就會對學習採取更負責任的態度。當你知道自己要教別人，就會有更強的動機把東西學好。因為認定自己的角色不只是聆聽者與學習者，還是老師與導師，你的學習成效會因此大幅提升。
2. **當你對你所教的東西有信心，就比較有可能實踐你所教的內容。**教導別人時，你同時也做出了一種社會宣言，這使你對你教導的對象有某種責任，對方會期待你言行一致。教導會形成一種社會支持系統、社會期待或是隱含的社會契約。如果你實踐你所教的東西，就會更有公信力，而你的教學也會變得更具啟發性與激勵效果。
3. **當你傳授你所學的東西，會強化師生的連結。**深受老師影響的人會非常感激與尊敬老師，也會覺得和老師更加親近。當學生對學習內容真的感興趣，老師也會教得更起勁。經過強化的師生關係會使彼此的連結更加深厚。

4. **當你把正在學的東西教給別人，你的改變與成長之路會走得更順遂。**當你自己和別人都從新的角度看你，會讓你的改變更加合情合理，同時讓你獲得更多、更快速的成長。如果你教我你最近學的東西，我會更容易接受你以及你所傳達的訊息。我可能也會與你分享一些我最近學到的相關的東西，彼此都可以藉此改變與成長。

你還需要明辨何時才是教導的適當時機，包括：

- 當對方不處於受威脅的狀態時（在對方飽受威脅時教導他，只會令他心生憤恨），你可以等待或製造一個新的情境，當對方覺得安全與樂於受教時再教他。
- 當你不處於憤怒或受挫的狀態時，最好是當你感受到愛、尊重與內在安全感時再教對方。
- 當對方需要協助與支持時（當某人情緒低落、身心疲憊或承受極大壓力時，教學相長的過程可使人卸除對彼此的固有印象。

急著教他成功方程式，就像試圖教溺水的人游泳一樣）。

也請記住，**我們隨時隨地都在教導他人，因為我們時時刻刻都在展現自己的本色。**

教學相長可使表現更上一層樓

我相信，教學相長的過程可使人卸除對彼此的固有印象。當這些印象消除後，人們就能有更上一層樓的表現。

當愈來愈多人開始幫助彼此做好被指派的角色，會產生一種正向的文化。學習型組織指的正是：協助彼此實現各自的使命、角色與目標的一群人。

有些人覺得，他們不需要把自己學到的東西教給別人，是因為已經什麼都懂了，或是因為對教學感到陌生與害怕。有些人對教學有恐懼，例如習於守住既有技能的高階主管，可能將教學視為自己不懂的新技能，因此不想讓自己出醜。

然而，教導他人是擴展影響力最好的方法之一。教導是一種主動的行為。我認為人類的天性是採取主動，而非被動。主動行為不僅讓我們可以選擇在現有環境中做出何種反應，同時賦予我們改變、甚至創造環境的能力。當我們接納別人的影響力（成為可教之人），就能對別人有更大的影響力（成為教導者）。當我們邀請別人（學生或學員）一同從事有意義的活動，就能對他們產生更大的影響力。

企業花在發展訓練的錢大部分都被浪費了，因為學員最後得到的有價值的東西非常少。大部分的學習過了一夜就被忘光了，因為很少學習者會把自己學到的東西教給其他人。有些人不再期待訓練會提升自己的知識與技能，一部分的原因在於，他們知道自己永遠不需要與別人分享這些東西。

我可以向你保證，將教學相長的簡單概念應用在你的人生，絕對會讓你值回票價。

應用與建議

- 你在家裡或職場中有哪些教導他人的機會？請你試著在下星期，把本書的某個原則教給某個人。執行情況如何？你對這個原則的了解，發生了什麼變化？
- 你如何製造教學相長的機會？如果你持續把本書的原則教給別人，會產生什麼結果？這麼做會對你實踐這些原則的決心，產生什麼影響？

第 18 章

結語：獲得智慧

太過確信自己的智慧，是不智之舉。比較健全的做法是隨時提醒自己：最強悍的人也可能會動搖，最有智慧的人也可能會犯錯。

—— **甘地**

今日，我們聽到許多人談論資訊、情報與知識爆炸的情況，卻很少人談論智慧。次要成就的目標是自我推銷，首要成就的目標是獲得智慧。

我們的行動經常欠缺智慧。環顧四周，不難發現許多人所做的事，恰好對自己有害。是什麼原因導致判斷的扭曲或智慧的匱乏？該如何修正這個情況？我想提出六個原因與修正方法。

自我指涉的傲慢

修正方法：臣服於真正原則的謙卑態度。

只要研究人類的歷史就會發現，擁有豐富知識與受過高等教育的人（聰明的人），往往認為自己很有智慧，並排斥更有智慧或經驗的人所提供的建言。為什麼？我想這是因為他們基本上背棄了心中真正的良知，而這個過失導致失衡、扭曲、混亂、迷失方向，而他們渾然不覺，直到為時已晚。當自我成為最高指導原則時，問題尤其嚴重。

次要成就的目標是自我推銷，首要成就的目標是獲得智慧。

假如你總是聽從原則而非自己的判斷，較高層次的準則就會為你注入些許謙卑、快樂、可教性，以及接受內在與外在客觀資料的意願。

多年來教導大家《與成功有約》的七個習慣，讓我學到一件事，那就是要養成這些習慣，不能只是隨便讀一讀書，而是要經過多年的持續努力實踐，才能讓這七個習慣變成第二天性。當你處於暈眩狀態，會陷入混亂且迷失方向，所有的感官感覺失去了作用。位置、動作與緊繃感這些基本的本體感覺，可能變得混淆與錯亂。到時候全世界的資訊與資料都幫不了你，因為你的解讀方式是錯誤的。於是，你被過量的資訊壓得更加無法喘息。我認為，假如你採取自私、自我導向或自我指涉的態度，就會陷入某種程度的暈眩。若沒有穩固的參考點把你拉回客觀的現實，你將會一路下滑。而遵循原則生活最大的好處就在於，你可以免於落入這樣的命運。

一切只仰賴資訊的不智之舉

修正方法：將資訊轉化為智慧與遵循原則的行動。

在我有生之年，我見證了人類社會從工業時代演化至資訊時代。我將資訊時代分為四個部分。第一個部分是原始資料或資訊。相較於電腦科技剛問市的一九四六年，現代人取得資訊的成本可說是微乎其微。因此，每個現代人基本上都可獲取同樣的大量資訊；資訊已經變成了商品。資訊時代的第二個部分是知識。所有的資訊都經過概念性的結構與模式組織而成。第三個部分是系統性思考，資訊被組織成具有統一性或完整性的單位。第四個部分是智慧，智慧是在目標與原則的引導下取得的知識。

在每個組織中，所有的決策與行動都必須展現智慧。因此，現代人都想為有明確願景與使命的領導者與企業工作，讓自己的努力具有意義、方向與價值。

不道德風氣橫行導致的混亂

修正方法：道德復興帶來的明晰。

我到世界各地旅行時，發現一股不道德的風氣正捲土重來。在這個時代，許多勞資雙方解決歧異的最好方法，是仰賴市場的民主機制。

人的道德感正逐漸淪喪；他們陷入了道德的暈眩。我見過不少個人與組織，以為自己朝著正北方前進，但實際上卻是反其道而行。

但我也相信，有一個道德復興運動正在進行當中。人們回歸原則，因為他們開始自問一些更深刻的問題：人生與事業的目標是什麼？最重要的事情是什麼？我真正的價值何在？當人們開始針對這些問題自問自答，往往就會回歸並根植於主宰世界的自然法則與原則。

勞方對工作表現的價值認定，與資方不同

修正方法：訴諸客觀的市場價值。

對於個人或產品的價值，主觀與情緒性評估得到的結果，往往與市場的客觀評估相去甚遠。企業主管面臨的最大難題之一就是，員工對於自己的價值以及自己對組織的貢獻，其看法與主管大不相同。由於勞資雙方通常都覺得，自己有正當且合乎情理的立場，因此我認為徹底解決歧異的最好方法，就是仰賴市場的民主機制，

也就是將市場的概念帶入這個看法分歧的情況中。基本上，主管會說：「好吧，你認為自己的價值有那麼多，但市場卻認為你的價值是這麼多。」我所指的價值不是財務淨值，而是你的整體貢獻。而我所說的市場指的是，你在工作上接觸的所有人，這些人構成了你的市場。

客觀的市場回饋對每個人都是當頭棒喝。我們經常看見這種情況。我們曾針對成功的七個習慣，對超過二十五萬名參與者進行個人檔案調查，調查結果常令他們感到訝異。然而，調查結果也給了他們一些肯定，因為他們為自己打的分數，通常比市場給他們的評分更低。因此，這個評估報告帶來了一些好消息，同時揭露了某些盲點。

封閉系統造成的無知與冷漠

修正方法：在可信賴的限度內，盡可能開放系統。

要求分享資訊與開放系統的呼聲往往導致大家認定，每個人都有權利獲取所有外界對你個人表現的客觀回饋，會讓你愈接近智慧。

資料。然而我覺得開放與授權的程度應該取決於信賴度。信賴度愈高，組織就可以愈開放。假如大家對組織的信賴度低，而你又開放太多權限，可能會產生混淆。人們會基於他們對你的目標的曲解，指控你有不良動機。

以地方標準評估品質與競爭力，目光狹隘

修正方法：以全球性競爭標準來評估。

商業界講求務實。你必須符合四個務實的標準，才有資格與別人競爭：第一個標準是品質；第二個是低成本。但低成本、高品質的製造商到處都是。另外兩個標準是速度與創新。必須主動且發揮創造力與彼此合作，創造統合綜效，才能符合這四個標準。當然，合作需要建立在互信的基礎上，因此，我們需要成為值得信賴的人。

外界對你個人表現的客觀回饋，會讓你愈接近智慧。很少人不贊同我們提出的七個習慣，因為那些原則不證自明。關鍵問題在於，這些概念是否對個人與組織產

生實質影響。人們該如何知道自己是不是成功了？他們得到的是什麼樣的回饋？

你需要找出一條成長的途徑，發揮已知的優點，改進已知的缺點。這代表你必須建立一個可信賴的回饋流程。不要被這個流程嚇到了。當你在這條路上展開這個流程，你會一點一點慢慢察覺自己的盲點，也會慢慢愈來愈有能力修正這些盲點。

智慧的四個要旨

智慧有四個基本要旨，值得我們思考。

首先，**所謂智慧是明白持久的正向改變始於內在。**一個團隊或家庭的改變，要從個人層面做起。若欠缺個人的發展與改變，組織的發展與改變只是假象，甚至是愚蠢的，因為市場對於透明化、誠實與可信度（簡言之，就是首要成就的原則）的要求愈來愈高。

必須先有個人的成長、改變與發展，組織的發展與改變才可能存在。但在我看來，這個基本的事實被大多數人忽略了。**有太多人認為改變來自於外在。但人們需**

人們會根據自己對於品格這種非語言性溝通的解讀，決定是否信賴我們。

要從根本採取由內而外、而非由外而內的途徑，才能創造有效的改變。

第二，**智慧的基礎是品格與能力**。我們談到學習以及提升才能與能力時，想到的往往是技術性或概念性的能力，很少想到社交能力或品格。然而，假若一個人要達成有意義的持久改變或長足的進步，就需要培養互賴、同理心與綜效等品格，以及正直、成熟與富足心態等特質。為什麼？因為我們的品格隨時隨地展現在外，而且總是在傳達某些訊息。人們會根據自己對於品格這種非語言性溝通的解讀，決定是否信賴我們。

個人是否值得信賴以及組織的可信度，與一個人的品格與能力，以及判斷、決策與行動中所透露的智慧水準，息息相關。

品格包括正直（是否兌現承諾）、成熟（勇氣與體諒的平衡）與富足心態（世上有充足的資源夠大家分享）。要達成必要的改變，這三種人格特質的重要性，不亞於技術性、概念性的能力與社交能力。

所幸，我們都有改善與進步的能力。品格與能力的交互影響會不斷演進，品格與能力本身也是如此。因此，我們不需要評斷他人或在別人身上貼標籤，或是認定別人無法改變。我們都能夠培養超越技術與概念的能力，也能對他人、流程、技術，以及市場的新規定與現實狀況，進行互賴與系統性的思考

我很喜歡偉大的作家兼心靈導師威廉森（Marianne Williamson）所說的一段話：「我們內心最深的恐懼，並非害怕自己不夠好，而是害怕自己內在超乎想像的能力。最令我們害怕的，是我們內在的光明，而非黑暗的那一面。我們總是自我懷疑：『我如何稱得上聰明、美麗、才華洋溢與美妙絕倫？』事實上，你還能是別的嗎？……自我貶抑對世界沒有任何幫助。壓縮自己好讓周圍的人在你身邊不會感到不自在，這麼做並不明智。我們注定要發光……。這光芒不只存在某些人裡面，而是在每一個人裡面。當我們允許內在的光芒散發光亮，在不知不覺中，我們也允許別人這麼做。當我們從自己的恐懼解放出來，我們的存在自然而然也解放了別人。」

仔細思量後你會發現，與他人比較的恐懼使我們把天生擁有的驚人才華與潛力，深鎖在我們體內。

第三，**品格與能力交會時，才能展現智慧。**有智慧的人擁有正確、牢靠的判斷

力。他們的知識飽含恆久不變的原則。要追求高品質的生活，智慧或明智的判斷力（品格與能力的交會）是一大要素。

為何如此？新的商業思潮層出不窮，先是有全面品質管理，再來是組織再造，然後是破壞式創新，天知道接下來會出現什麼？這些思想潮流都有其價值，但真正的智慧超越了它們。

我所謂的超越其實是潛藏在表象之下，也就是最基本的部分。純粹的技術性或概念性解決方案可能確實有用，但並不足夠。我們欠缺的通常是基本的品格。少了品格，就算你有能力，也無法擁有智慧。若缺乏智慧，你就無法建立與長久維持一個團體，不論這團體是婚姻、家庭、團隊或公司。你現在很可能已經建立了某個團體，但它無法持久存在。有百分之八十的新創事業，在創立頭一年會失敗；只有十二分之一的企業能撐過十年。

要明智面對現今社會上普遍存在的錯誤的二分法概念，以及這個時代真正的困境，我們愈來愈需要超越傳統的智慧。若欠缺建立在品格與能力之上的貨真價實的智慧，我們根本無法面對難以預測的市場變化、分歧的意見、難以取捨的決斷，以及脆弱的關係。此時正是歷史上人類最需要智慧的時刻，而矛盾的是，這個困境正發生在知識爆炸的資訊時代。真相是：在欠缺智慧的情況下，科技愈是進展，會使情況變得愈糟。而智慧是最大的救星——一個有智慧的人可以將靜態的知識，轉化為對世界的偉大貢獻。

最後，**智慧超越了知識與資訊**。生活在資訊時代，以及資訊愈來愈容易取得、以愈來愈低的成本進行交易的知識經濟中，對我們而言，最重要的東西不僅是對於競爭對手、顧客、產品與流程的知識，還有超越知識的智慧。偉大的哲學家懷海德（Alfred North Whitehead）曾說：「在某種意義上，知識會隨著智慧的增長而萎縮，因為細節會被原則吞沒。知識的細節固然重要，但它只能發揮在生活裡的興趣愛好中，唯有習於積極運用自己徹底了解的原則，才能獲得智慧。」

歸根究柢，根據正確的原則做出判斷，才能培育品格。這不只是智識上的活動，而是將心智、意志與靈魂導向不變的原則。這才是培養正直人格的方法。

你可能具備了技術性與概念性的能力，因此你能了解大局，並看見所有的部分彼此相關聯，但你無法與他人有效合作，因為你欠缺某些品格。唯有當你品格與能一個有智慧的人可以將靜態的知識，轉化為對世界的偉大貢獻。

力兼具，遵從明智判斷的引導，你才有能力建立人際關係、高度互信的文化，以及禁得起時間考驗的團體，絲毫不受市場的莫測變化影響。

還可以更好

人們問我，他們為何要在意首要成就或任何成就。有些人覺得，他們的生活已經過得很好，並不覺得自己有任何理由改變現狀。對此我不想做任何爭論。

但我們的心中始終有個召喚，要我們比現在的自己更上一層樓、更成長一些。若不聽從那個聲音，我們時時刻刻都可能落入次要成就，受到社會看法的束縛，甚至對於約束我們的各種力量太過執著，以及陷入「所有人都是敵人」的偏執想法。

擁有首要成就的人可以獲得智慧，也就是擁抱原則、持續成長與完整性的觀點。這個觀點可為個人帶來內在的平靜，為世界帶來繁榮。這個觀點可帶給我們安全感，因為我們的人生是建立在穩固、禁得起時間考驗且永不改變的原則之上。

應用與建議

- 假如你採取自私、自我導向或自我指涉的態度，就會陷入某種程度的暈眩。若你正處於這個狀態，你要如何克服自我？
- 在個人日記中回答這些問題：在完成本書所有的應用與建議後，你的言行是否更加根植於首要成就的自然法則與原則？對於人生的大哉問，你是否更清楚答案是什麼：人生與事業的目標是什麼？最重要的事情是什麼？我真正的價值何在？在追求首要成就的旅程中，我的進展如何？

附錄

柯維的最後訪談

在《與成功有約》出版二十五週年後，柯維博士的影響力擴及全世界。他曾經擔任國王與總統的顧問，也透過各種可以想像得到的管道教導數百萬人，什麼是獲得高效能人生的原則。柯維博士於二〇一二年辭世前，已成為世界上最有影響力的人之一，而《與成功有約》也被公認為最重要的自我成長書籍之一。

終其一生，他一直在教導世人七個習慣。在這個充滿劇烈變化的時代，我們更加需要他的智慧。謹讓我們藉此機會與你分享他的智慧。

柯維博士在晚年時，在訪談或演講中常被問及一些重要的問題，我們將他的回答綜合整理如下。我們盡可能用他本人的話語，整理出他最後的看法，因此，不妨將之視為他最後的訪談。本文同時被收錄在《與成功有約》二十五週年紀念版之中。

一、自《與成功有約》出版以來，發生了什麼變化？

變化的屬性改變了。這個世界以超出任何人想像的速度發生變化。科技性的革命似乎每小時都在發生。我們必須與經濟的不確定性奮戰。全球的權力關係發生劇烈變化，有時一夜之間就翻盤。此外，許多國家在實質與心理層面，都遭到恐怖攻擊。

民眾的生活也發生了巨大的變化。生活的步伐以光速行進。現代人時時刻刻掛在通訊網絡上，沒有下班時間。過去人們追求事半功倍；現在許多人試著同時把每件事辦好。

但有一樣東西不曾、也永遠不會改變，是你唯一可以倚賴的東西，那就是永恆不變且普遍為真的原則。原則永遠不會改變，在任何時刻都適用於世界上的每個角落。公正、誠實、尊重、願景、責任與進取等原則主宰了我們的生活，如同地心引力的自然法則支配了從高處墜落會產生的結果。如果你一腳踏出高樓的邊緣，你就會向下墜落。這是自然原則。

正因為如此，我是個徹頭徹尾的樂觀主義者。我樂觀是因為我相信永不改變的原則。我知道假如我們遵循這些原則，必定能讓一切變得順利。

石頭若從高樓落下，必定會墜落地面。但人類不同，我們有能力選擇是否往下跳。我們並非沒有意志力的生物，任憑外力左右。人類天生擁有良知、想像力、自覺與獨立意志。這些令人讚嘆的能力是人類所獨有而動物欠缺的。我們能分辨是非，採取客觀立場評估自己的行為。我們能發揮想像力，創造想要的未來，而不被過去的記憶所綁綑。我們愈是運用這些能力，就擁有愈多選擇的自由。我們能選擇順從或違逆原則。我沉醉於這種選擇的能力中。

要與改變共存，我們需要不會改變的原則。

但有一個問題。有太多人（恐怕是有史以來最多的人）試著繞過人生的原則，改走捷徑。我們想得到愛，但不願給予承諾。我們想獲得成功，但不想付出代價。我們既想擁有苗條的身材，又不想放棄蛋糕。換句話說，我們想要我們永遠得不到的東西——不培養品格，但享有品格帶來的好處。

這正是我寫《與成功有約》的原因。我認為我們的文化正逐漸脫離原則，而我想要指出這樣發展下去的後果——忽略原則只會造成人生的大災難。同樣的道理，我向你保證，長遠來說，只要你遵循原則過生活，必定能獲得個人與事業的成功。

二、七個習慣至今仍適用嗎？

我認為這七個習慣變得比以往更加重要。

對於七個習慣產生的影響力，沒有人比我更加訝異與興奮，同時因此變得更加謙卑。看到這本書在如此多國家、對如此多人產生影響，總是令我驚訝不已。我很感激有如此多同事與朋友願意接受挑戰，遵循與傳授這七個習慣。

當然，我和大家一樣，覺得要每天遵循這七個習慣是件非常困難的事。這並非易事，但它是個很好的挑戰。我發現每天早上起床後，思考人生的使命與重要目標，然後朝這些有意義的目標每天前進一小步，這件事對我極具啟發性。我覺得第五個習慣（知彼解己）最難做到。我努力讓自己變得更有耐心，更樂於傾聽，我想我應該進步了一些。

但我想告訴你，遵循七個習慣是個令人振奮的終身挑戰。每當有人說他讀過《與成功有約》，總令我有些憂心。我擔心他們可能會在我身上發現一些與這七個習慣不相符的行為。我也擔心他們會以為，讀過這本書就可以讓他們在一夜之間擁有這七個習慣。我希望大家深切地明白，這七個習慣永遠沒有「放下」的一天。

看見全世界有愈來愈多人接受七個習慣的訓練，以及有數千人成為認證教師，在自己的組織內傳授，令我感到無比興奮。全世界有一百四十多個國家，開設七個習慣的線上與實體課程。更令我興奮的是，有成千上萬名孩童正在學習七個習慣。有些企業、政府機關、大學與教育體系，採用七個習慣做為組織的治理原則，而且成效非常好。

七個習慣為何能持續影響這麼多人的人生？我想這是因為七個習慣幫助人們找到最好的自己，並依此活出了最好的自己。人們（尤其是年輕人）出於直覺可以感受到，體現在七個習慣的原則所具有的力量。他們內心深處渴望在人生中得到的東西，不是抄捷徑可以得來的。那些在過度躁動的世界中迷失自我的人，想要重新掌管自己的命運。

七個習慣讓人們重拾自己的人生。他們重拾了選擇的權力，探索並發現藏在內心深處的珍貴目標，也獲得了創造與掌控自己未來的工具。

今日我們經常聽到身分盜竊的情況。最嚴重的身分盜竊並非發生在有人搶走你的錢包、或偷走你的信用卡，而是當我們忘記了自己是誰；當我們開始相信，自己的價值與身分建立在我們是否比別人獲得更多成就；當我們忘了每個人都擁有無可限量的價值與潛能，根本不需要和任何人比較。當人們沉浸在追求捷徑的文化，不願為真正的成功付出代價，我們的身分就被盜走了。當我們與家人、朋友、同事相處時，我們總是披上不真實的自我形象。當人發現鏡子時，他就失去了自己的靈魂。因為他會開始更在意鏡中的形象，而非真實的自己；他成為了社會投射出來的產物。他的核心身分與價值從自身轉移到了外面。

七個習慣會把你拉回自己身上並提醒你，你的真實本性是什麼，也提醒你，你擁有人生的掌控權。你要為自己的選擇負責，沒有人能為你代勞。如果你不願意，沒有人能主宰你的思考、行動或感覺。七個習慣提醒你，你是自己人生的程式設計師，你的未來由你自己來寫。七個習慣教導我們，人生是個團隊運動，互賴以及與他人合作的層次，高於凡事只靠自己。

三、改變很難，我該怎麼做才能改變自己？

我建議你做兩個改變自己的練習。第一個練習是，聽從你的良知。我經常告訴別人，在刺激（發生在我們身上的事）與反應（我們對這件事所採取的行動）之間，存在著一個做選擇的空間，而我們如何運用那個空間，會決定我們能否獲得成長與快樂。在這個空間裡，我們有四種天賦可運用：良知、想像力、自我覺知與獨立意志。良知是四者之中最具決定性的力量。我們的內心覺得不平靜時，通常是因為我們的生活方式違背了良知，而我們自己心知肚明。運用良知的方法就是，問自己一個問題，然後靜待一會兒，傾聽心中的答案。比方說，你可以問自己這個問題：我需要開始在私人生活中做哪一件最重要的事，為自己帶來最多正向的改變？深入思考一下。你腦海中浮現的答案是什麼？現在問你自己另一個問題：我需要開始在職業生活中做哪一件最重要的事，為自己帶來最多正向的改變？同樣的，先靜待一會兒，仔細思考，進入內心深處搜尋答案。假如你和我一樣，那麼你只要傾聽良知所說的話，就會知道那件最重要的事是什麼了。良知就是你心中那個代表智慧、自我覺知與常識的聲音。

你可以自問的另一個好問題是：生命現在要我做些什麼？稍待一會兒，仔細思考。你可能會察覺你目前的生活已經失焦，而你需要更加留意自己把時間花在什麼地方。或者是你決定要開始注重飲食並開始運動，因為你總是覺得很累。或是你察覺到自己需要修補與某個人的關係。不論是什麼，在良知的背書之下，你會擁有堅定的力量達成這個改變。若欠缺堅定的信念，當你遇到困難時，就沒有力量貫徹目標，而信念來自良知。

我們都擁有三重生活：公眾、私人與私密生活。公眾生活是別人看見的我們。私人生活是我們獨處時所做的事。當我們真正想要檢視自己的目的與最深的渴望時，就需要進入私密生活的領域。我非常建議你開發你的內在世界。當我們進入這個領域時，最能聽從良知的聲音，因為此時我們處於願意傾聽的心境。

改變自己的第二個關鍵是改變你的角色。我經常說，如果你想要逐漸改變自己的人生，那麼就改變你的行為。然而，假若你想要徹頭徹尾改變自己，就要從你的思維模式下手——改變你看世界與解讀世界的方式。你可能剛在公司升上專案經理，可能剛當上新手父母，也可能剛在社區委員會接下某個職務。突然間，你的角色改變了，而你看世界的方式也變了，新的觀點使你自然而然產生了新的行為。

角色的改變有時由外在事件促成，例如職務的改變。但其他的時候我們可以藉由改變心態或是對情況的覺察，改變自己的角色。比方說，你在公司被視為控制狂，你很清楚自己需要開始信任別人與放手。那麼或許你可以從不同的角度看自己，重新定義自己的角色，讓自己的身分從主管轉換為顧問。變換角色後，你的心態也變了，你會開始將自己視為團隊的顧問。團隊成員被授權自己做決定，只有在需要徵詢意見時才找你。而你不再主導所有的事，不再隨時掌控進度。

經常有人問我：七個習慣中哪個習慣最重要？我的回答是：你最難以實踐的習慣，就是最重要的習慣。運用自我覺知與良知，幫助你覺察你需要聚焦於哪個習慣。改變自己最好的方法通常是，以一個習慣為目標，向自己承諾去做一些小小的改變，並兌現這些承諾。假以時日，你自我要求的能力與自信心就會慢慢提升。

四、我相信七個習慣能幫助我改變自己，但假如我的公司或組織不推行，該怎麼辦？

所有的改變始於個人，因為有意義的改變都是由內而外發生。當你開始改變自己，你很快就會發現，你同時在改變你的環境，因為你的影響力會不斷擴散，你以身作則的正直行為會令所有人刮目相看。唯有當你開始改變自己後，你才能開始改變你的組織。

我的大目標是將七個習慣全面注入我們的文化，幫助大家脫離工業時代由上而下的指揮控制思維。

我們的內心仍停留在工業時代——認為人是需要加以控制的。這個思維將人視為可替換的東西，每個人都一樣。但事實上，我們知道每個人都是獨一無二的，每個人能做出某些別人無法做出的貢獻。在企業的財務報表中，員工被視為費用、而非最有價值的資產。即使你是一位明君，仍然脫離不了控制的思維。這是今日多數組織最大的缺陷。

七個習慣可改變這個情況。七個習慣所塑造的文化會充分授予每個人自主權。每個人都具有無上的價值。組織會精心組成互補性團隊，讓所有團隊成員發揮所長，使他們的短處被淡化。如同在一個合唱團中，女低音不會試圖取代男高音或女高音的位置，每個音部都很重要。關鍵在於讓所有人找到自己的聲音，每個人都能從事自己熱愛以及擅長的事，致力於滿足他人的需求。

當我發現七個習慣幫助了世界各地的團隊與組織改頭換面，這令我變得更加謙卑。

舉例來說，墨西哥某家大型採礦公司把七個習慣當作經營信念。公司上下的每個人，從執行長到採礦工人，都接受七個習慣的訓練。每個人同樣受到重視。結果使公司的生產力爆增，意外事故大幅減少，因為每個人都負起了自己應負的責任。員工配偶開始打電話到公司，問道：「你們對我的先生／太太做了什麼？簡直變了一個人！」

現在，員工全家人都在接受七個習慣的訓練。

要造就一個偉大的企業，需要的不只是偉大的個人。組織也必須遵循七個習慣。這意謂組織也要採取主動、擁有清晰的使命與策略、持續執行優先目標、與所有利害關係人一同採取雙贏思維、發揮綜效為了未來而創新。

任何組織若要成功，採取七個習慣的思考架構至關重要。打造七個習慣的企業文化不只是執行長的工作，也是每個人的工作。在這樣的文化中，每個人都是領導者。

歸根究柢，我最大的熱情始終在於，為世界各地的組織文化注入以原則為中心的領導力。這種領導力屬於每個人，不限於執行長。

所有真正的領導力都建立在道德權威之上，而非形式權威。甘地從來不曾擁有任何官職，翁山蘇姬與曼德拉所擁有的道德權威，來自他們基於良知遭到多年囚禁的事實。

我一輩子都是個老師。我不曾接下任何位高權重的職位，但我覺得自己有很大的責任要實踐我的使命。

擁有七個習慣的人必然會成為一位領導者。

五、你總是教大家要思考自己想留給下什麼給後人。那麼你想留下什麼給世人？

在個人方面，我最大的心願是造福我的家人，使他們擁有幸福快樂與高品質的生活。家人帶給我世上最大的幸福與滿足。這是我人生中最重要的東西。我非常認同一位有智慧的領導人所說的話：「事業的成功永遠無法彌補家庭的失敗。」你這輩子最大的成就，就是你為家庭所做的事。家庭是世界上最重要的東西，我們需要投注比從前更多的時間與精力，照顧自己的家庭。人們為了工作，往往花費無數時間為某個策略嘔心瀝血，卻不願花幾個小時，規劃如何打造一個關係更緊密的家庭。

此外，我並不認同家庭與工作不能兩全的錯誤說法。這並不是二選一的抉擇。只要細心規劃，你可以家庭與工作兼顧。事實上，一方面的成功可促成另一方面的成功。如果你過去一直忽略了家庭，現在改變永遠不算遲。

在事業方面，曾有人問我，我希望世人記住關於我的哪一件事，我的答案很簡單：我的志業對孩子所產生的影響。我相信每個孩子都是領導者，而且應該被如此看待。

我們不要用孩子的行為來定義他們，而是想像他們成為領導者的模樣，並肯定他們的價值。領導力就是，幫助他人清楚了解自己的價值與潛能，使他們渴望親眼看見自己發揮這些價值與潛能。

當我們教導孩子相信自己天生擁有的價值與良善，幫助他們看見自己體內蘊藏的無限力量與潛能，我們就能養育出一整個世代的領導者。

我很高興看見全世界有成千上萬所學校，正在教導孩子七個習慣，教導他們了解自己是誰，以及自己能成就些什麼。我們教導他們正直、智謀、自律、雙贏的生活方式，也教導他們歡迎而非懷疑與自己不同的人，還教導他們如何利其器，絕不停止成長、進步與學習。

我們正透過「自我領導力」（The Leader in Me, TLIM）教育計畫，在全球數千所學校推展這項工作。孩子透過這項教育明白，領導者不僅限於校園裡那幾個少數的風雲人物，每個人都可以成為領導者。他們學會分辨首要成功（實在且正當的成就）與次要成功（世俗的肯定）的區別，也學會看見首要成功的價值所在。他們還明白自己擁有不凡的選擇權，他們不需要成為灰心喪志的受害者，或是機器裡的一顆小齒輪。

請想像當孩子在成長過程中與這些原則連結，拋開受害、依賴、猜疑與防衛的心態，成為負起全責的公民，重視自己對他人的義務，那會是什麼樣的未來。而這個未來是可能發生的。

這就是我希望世人記住的事。

六、你的畢生志業未來將如何發展？

在內心深處，我始終是個老師。完成學業後，我成為大學教授，從事我熱愛的工作。當我開始摸索自己的人生使命後，我逐漸明白，《與成功有約》與我的其他著作所呈現的以原則為中心的領導力，不只是我個人的使命。除非我成立一個組織管理這些觀念，並將其制度化，否則當我離開這個世界後，它就會失去重要性與影響力。

基於這個想法，我決定成立一個組織，致力於在全世界散播以原則為中心的領導力。一開始，我建立了柯維領導力中心（Covey Leadership Center），後來與富蘭克林時間管理顧問公司（FranklinQuest）合併後，成為富蘭克林柯維公司（FranklinCovey）。這個公司的使命是透過應用以原則為中心的領導力，使世界各地的個人、組織與社會創造不凡成就。目前我們在全球一百四十多個國家有據點。這個公司的使命、願景、價值觀與表現令我自豪，因為它所做的事正是我希望它完成的事。最重要的是，富蘭克林柯維公司不屬於我個人，它是個獨立的組織，在我離世後，它仍會持續完成我的志業。

七、你曾說，你想留給世人最重要的話語是「讓人生扶搖直上」（live life in crescendo）。此話何意？

這句話的意思是，你人生中最重要的工作永遠在你的前方，尚待實現，絕不會在你的身後。你應該不斷擴大與深化你對這個使命的承諾。退休是個錯誤的觀念。

你或許可以從職務上退休，但你永遠無法從有意義的計畫與貢獻退休。「漸強」（crescendo）是音樂用語，它指的是以愈來愈強的力道與音量演奏音樂，堅持努力下去。它的反義詞是「漸弱」（diminuendo），指的是降低音量，退開，打乖乖牌，採取被動，哀怨過一生。

因此，請你以漸強的方式活出自己的人生。實踐這個想法至關重要。不論你過去做了些什麼、沒做過什麼，你仍有重要的貢獻等著你去實現。請避免受到朝著後視鏡看過往成就的誘惑。請你懷抱樂觀的心看向前方。我正在和我的女兒辛希雅合寫一本新書《讓人生扶搖直上》（*Life in Crescendo*），我很期待它的出版。

不論你是什麼歲數，處於人生的哪個階段，如果你遵循七個習慣而活，你做出貢獻的日子永遠沒有結束的一天。你永遠在尋找人生中更崇高、更美好的目標：更棒的挑戰、更深的理解、更刺激的戀情、更有意義的愛。你可以從過去的成就獲得滿足，但下一個更偉大的貢獻永遠在你的前方。你仍然要持續建立關係、服務社群、凝聚家庭、解決問題、獲取知識，以及創造偉大的志業。

女兒曾問我，當我完成《與成功有約》時，是否已經對全世界發揮了最大的影響力。我想我的回答可能讓她嚇了一跳：我並非自視甚高，但我真的相信，我最好的作品尚待完成。

柯維博士於二〇一二年七月十六日辭世，享年七十九歲，他辭世前仍在進行十個不同的寫作計畫。他從來不曾退休，直到最後一刻，他仍然以漸強方式活出自己的人生。直至今日，他的思想所造成的影響力，正以更快的速度，持續散播到世界的每個角落，轉化了世界各地的孩童、企業主管與一般人的人生。因此我們相信，柯維博士最好的作品，仍尚待完成。

注解

1. http://usatoday30.usatoday.com/news/nation/story/2012-04-07/titanic-rearrange-deck-chairs/54084648/1.
2. Walter Lord, A Night to Remember, Holt Paperbacks, 2004, 36.
3. Stephen R. Covey, The 7 Habits of Highly Effective People,Simon & Schuster, 2013, 22.
4. Jessica Lahey, "The Benefits of Character Education," The Atlantic, May 6, 2013. http://www.theatlantic.com/national /archive/2013/05/the-benefits-of-character-education/275585/.
5. Paul Tough, How Children Succeed, Houghton Mifflin Harcourt, 2013, xix.
6. See N.E. Ruedy, F. Gino, C. Moore, M.E. Schweitzer, "The Cheater's High: The Unexpected Affective Benefits of Unethical Behavior," Journal of Personality and Social Psychology, 2013, vol. 105, no. 4, 531–548.
7. Christopher Peterson, Martin Seligman, Character Strengths and Virtues: A Handbook and Classification, Oxford University Press, 2004, 5.
8. The 7 Habits, 43.
9. Charles E. Hummel, The Tyranny of the Urgent, IVP Books, 1994, 6.
10. Benjamin Franklin, Autobiography, Houghton-Mifflin, 1896, 113.
11. Albert E. Gray, "The Common Denominator of Success," http://www.kordellnorton.com/Nort%20Notes/Nort%20Notes%20-%20Common_Denominator%20by%20Gray.htm.
12. Marianne Williamson, A Return to Love: Reflections on the Principles of "A Course in Miracles," HarperOne, 1996, 190.

關於富蘭克林柯維公司 FranklinCovey

富蘭克林柯維公司（www.franklincovey.com）是一個全球性、以人為本的顧問培訓公司，藉由提供一系列領導變革的架構與思維，協助個人與企業成就卓越。其專長於7個關鍵領域，包括：領導力、執行力、生產力、信任力、銷售績效、客戶忠誠度與教育。

富蘭克林柯維公司的客戶有90％來自於美國財富100強的企業，超過75%為來自美國財富500強的企業，還有數以千計的中、小型企業和政府與教育機構。富蘭克林柯維授權超過40個辦事處，在全球超過140個國家提供專業服務。

自1989年《與成功有約：高效能人士的七個習慣》一書出版以來，27年來，富蘭克林柯維公司不斷更新，致力創造顧問與培訓的極致影響力，與企業一同達成組織的最重要目標。目前在全球140個國家有近1,500名專家提供相關服務。

富蘭克林柯維公司在華人密集的台灣、香港、大陸和新加坡皆有辦事處，提供讓各地區的人們和組織更加卓越的專業服務。

請隨時聯繫我們，以便了解更多資訊，歡迎瀏覽全球資訊網（www.franklincovey.com），或致電886-2-2325-2600，讓我們有機會為您提供更專業與詳盡的服務。

富蘭克林柯維公司全球聯絡網

US Office	Address	Website	Phone/Fax
SALT LAKE IN UT	2200 West Parkway Blvd. Salt Lake, UT 84119	www.franklincovey.com	+1-888-868-1776
BLUE BELL IN PA	1787 Sentry Parkway West Bldg 16, Suite 210, Blue Bell, PA 19422		+1-215-274-9321
DALLAS IN TX	5005 LBJ Freeway, Suite 750, Dallas, TX 75244		+1-972-774-8060
IRVINE IN CA	8001 Irvine Center Dr., Suite 880 Irvine, CA 92618		+1-949-788-8101
CHICAGO IN IL	200 W. Adams Street, Suite 1000 Chicago, IL 60606		+1-312-846-4294
ALPHARETTA IN GA	3480 Preston Ridge Rd., Suite 550 Alpharetta, GA 30005		+1-678-566-6507

International Office	Address	Website	Phone/Fax
FRANKLINCOVEY AUSTRALIA / NEW ZEALAND	LI, 139 Coronation Drive Milton QLD 4064 Australia	www.franklincovey.com.au	+61-7-3318-9700
FRANKLINCOVEY JAPAN	Seito kaikan bld. 7F, 5-7 sanban-cho, Chiyoda-Ku Tokyo,102-0075 Japan	www.franklincovey.co.jp	+81-3-3237-7711
FRANKLINCOVEY CANADA	60 Struck Court Cambridge ON N1R 8L2 Canada	www.franklincovey.co.ca	+1-519-740-2580
FRANKLINCOVEY UNITED KINGDOM	Oxon OX 163JQ United Kingdom	www.franklincovey.co.uk	+44-1295-274-100

License Office in Asia	Address	Website	Phone/Fax
FRANKLINCOVEY CO LIMITED TAIPEI BRANCH	台北市仁愛路三段 136 號 8 樓 808 室	www.franklincovey.com	+886-2-2325-2600
FRANKLINCOVEY SHANGHAI	上海市 200020 淮海中路 381 號中環廣場 28 樓		+86-21-6391-5888
FRANKLINCOVEY BEIJING	北京市 100022 朝陽區建國路 118 號招商局大廈 32 層，GH 單元		+86-10-6566-1575
FRANKLINCOVEY GUANGZHOU	Room 1269, 12/F, TowerA Phase I, G. T. Land Plaza No.85 Huacheng Avenue, Tianhe District Guangzhou.		+86-20-8558-1860
FRANKLINCOVEY HONG KONG	香港鰂魚涌英皇道 979 號太古坊多盛大廈 1401 室		+852-2290-0111
FRANKLINCOVEY SINGAPORE	10 Hole Chiang Road Keppel Towers #21-06 Singapore 089315	franklincovey.sg@right.com	+65-6532-4100
VIETNAM	Pace Institute of Management Pace Building, 341 Nguyen Trai Street District I, Ho Chi Minh Gity	contract@franklincovey.vn	+84(08) 3837.0208
INDONESIA	Jl Bendungan Jatiluhur no. 56, Bendungan Hilir, Jakarta, Jakarta 10210 Indonesia	www.dunamis.co.id	+62-21-572-0761

KOREA	1602 Posco P&S Tower 753-3 Yeoksam-dong Gangnam-gu Seoul 135-923, South Korea	www.franklincoveykorea.com	+82-2-2015-7771
MALAYSIA	D4-1-8, Solaris Dutamas, No. 1, Jalan Dutamas 1 Kuala Lumpur, Wilayah Persekutuan 50480 Malaysia	www.franklincovey.com	+603-6205-5550
PHILIPPINES	Center for Leadership & Change 4th Floor, Ateneo Professional Schools (Salcedo) 130 HV Dela Costa St. Salcedo Village, Makati City 1227 PHILIPPINES	rene.montemayor@franklincoveyphilippines.com	+63-2-817-2726 (Phone)
SOUTH ASIA (BANGLADESH, BHUTAN, INDIA, MALDIVES, NEPAL, SRI LANKA)	JIL Tower A, Institutional Area, Ground Floor, Plot No. 78, Sector-18, Gurgaon-122001 INDIA	connect@franklincoveysouthasia.com	+91-124-478-2222 (Phone) +91124 4301464(Fax)
THAILAND	PacRim Leadership Center Co. Ltd 59/387-389 Moo 4 Ramkhamhaeng Road Sapansoong, Bangkok 10240 THAILAND	porntip@pacrimgroup.com	+66-2728-0200 (Phone)

國家圖書館出版品預行編目(CIP)資料

成功哪有那麼難：12槓桿解決各種人生困境 / 史蒂芬．柯維(Stephen R. Covey)作；廖建容譯. -- 第一版. -- 臺北市：遠見天下文化, 2016.07
面；　公分. -- (心理勵志；BBP309)
譯自：Primary greatness : the 12 levers of success
ISBN 978-986-479-032-6(平裝)

1.成功法　2.生活指導

177.2　　105011693

心理勵志　BBP309

成功哪有那麼難
12 槓桿解決各種人生困境
Primary Greatness：The 12 Levers of Success

作　者 — 史蒂芬・柯維（Stephen R. Covey）
譯　者 — 廖建容

總編輯 — 吳佩穎
責任編輯 — 陳孟君
封面暨內頁設計 — 張議文

出版者 — 遠見天下文化出版股份有限公司
創辦人 — 高希均、王力行
遠見・天下文化 事業群董事長 — 高希均
事業群發行人／CEO — 王力行
天下文化社長 — 林天來
天下文化總經理 — 林芳燕
國際事務開發部兼版權中心總監 — 潘欣
法律顧問 — 理律法律事務所陳長文律師
著作權顧問 — 魏啟翔律師
社址 — 台北市 104 松江路 93 巷 1 號 2 樓
讀者服務專線 —（02）2662-0012
傳　真 —（02）2662-0007；2662-0009
電子信箱 — cwpc@cwgv.com.tw
直接郵撥帳號 — 1326703-6 號　遠見天下文化出版股份有限公司

電腦排版 — 立全電腦印前排版有限公司
製版廠 — 東豪印刷事業有限公司
印刷廠 — 祥峰印刷事業有限公司
裝訂廠 — 聿成裝訂股份有限公司
登記證 — 局版台業字第 2517 號
總經銷 — 大和書報圖書股份有限公司　電話／(02)8990-2588
出版日期 — 2016 年 7 月 26 日第一版第 1 次印行
2023 年 2 月 14 日第一版第 5 次印行

Copyright © 2015 by FranklinCovey Company
Complex Chinese Edition Copyright © 2016 by Commonwealth Publishing Co., Ltd., a division of Global Views - Commonwealth Publishing Group
FranklinCovey and the FC logo and trademarks are trademarks of FranklinCovey Co. and their use is by permission.
ALL RIGHTS RESERVED

定價 — NT380 元
平裝版 ISBN — 978-986-479-032-6
英文版 ISBN — 978-1501106576
書號 — BBP309
天下文化官網 — bookzone.cwgv.com.tw

本書如有缺頁、破損、裝訂錯誤，請寄回本公司調換。
本書僅代表作者言論，不代表本社立場。

天下文化

BELIEVE IN READING